海外中国研究丛书
刘东 主编

[日] 大岛正二 著
柳悦 译

唐代の人は漢詩をどう詠んだか

唐人如何吟诗

带你走进汉语音韵学

中国音韻学への誘い

江苏人民出版社

图书在版编目(CIP)数据

唐人如何吟诗:带你走进汉语音韵学/(日)大岛正二著;柳悦译. —南京:江苏人民出版社,2020.4(2021.3重印)
ISBN 978-7-214-24639-4

Ⅰ.①唐… Ⅱ.①大… Ⅲ.①古汉语-音韵学-研究 Ⅳ.①H11

中国版本图书馆CIP数据核字(2020)第014614号

TODAI NO HITO WA KANSHI O DO YONDAKA
Chugoku oningaku eno izanai
by Shoji Oshima
© 2009，2012 by Ken Oshima
First published 2009 by Iwanami Shoten, Publishers, Tokyo.
This Simplified Chinese edition published 2019 by Jiangsu People's Publishing House, Nanjing by arrangement with the proprietor c/o Iwanami Shoten, Publishers, Tokyo through Japan UNI Agency, Tokyo
Simplified Chinese edition copyright © 2019 by Jiangsu People's Publishing House. All rights reserved.
江苏省版权局著作权合同登记号:图字10-2015-235号

书　　　名	唐人如何吟诗:带你走进汉语音韵学
著　　　者	[日]大岛正二
译　　　者	柳　悦
责 任 编 辑	卞清波
特 约 编 辑	胡海弘　孟　璐
责 任 监 制	陈晓明
装 帧 设 计	陈　婕
出 版 发 行	江苏人民出版社
出版社地址	南京市湖南路1号A楼,邮编:210009
出版社网址	http://www.jspph.com
照　　　排	江苏凤凰制版有限公司
印　　　刷	江苏凤凰通达印刷有限公司
开　　　本	652毫米×960毫米　1/16
印　　　张	10　插页　4
字　　　数	130千字
版　　　次	2020年4月第1版
印　　　次	2021年3月第2次印刷
标 准 书 号	ISBN 978-7-214-24639-4
定　　　价	39.00元

(江苏人民出版社图书凡印装错误可向承印厂调换)

"海外中国研究丛书"总序

中国曾经遗忘过世界,但世界却并未因此而遗忘中国。令人嗟讶的是,20世纪60年代以后,就在中国越来越闭锁的同时,世界各国的中国研究却得到了越来越富于成果的发展。而到了中国门户重开的今天,这种发展就把国内学界逼到了如此的窘境:我们不仅必须放眼海外去认识世界,还必须放眼海外来重新认识中国;不仅必须向国内读者迻译海外的西学,还必须向他们系统地介绍海外的中学。

这个系列不可避免地会加深我们150年以来一直怀有的危机感和失落感,因为单是它的学术水准也足以提醒我们,中国文明在现时代所面对的绝不再是某个粗蛮不文的、很快就将被自己同化的、马背上的战胜者,而是一个高度发展了的、必将对自己的根本价值取向大大触动的文明。可正因为这样,借别人的眼光去获得自知之明,又正是摆在我们面前的紧迫历史使命,因为只要不跳出自家的文化圈子去透过强烈的反差反观自身,中华文明就找不到进入其现代形态的入口。

当然,既是本着这样的目的,我们就不能只从各家学说中筛选那些我们可以或者乐于接受的东西,否则我们的"筛子"本身就可能使读者失去选择、挑剔和批判的广阔天地。我们的译介毕竟还只是初步的尝试，而我们所努力去做的，毕竟也只是和读者一起去反复思索这些奉献给大家的东西。

刘　东

前　言

在日本，喜欢中国古诗的人很多，因此有关古诗的书籍也不少。但是就我所看到的来说，能对汉字音韵（语音）给予通俗易懂的说明的书籍却几乎没有。

古诗作为中国自古以来就有的传统艺术，音律节奏必须要押韵，这一点早已不用多说。古诗也正是由这个节奏支撑着。但是，即使喜欢古诗的人，对古诗中汉字的音韵也并不十分重视。

众所周知的孟浩然诗《春晓》——"春眠不觉晓，处处闻啼鸟……"——用日语训读[1]念的话，一般是"春眠晓を觉えず、处处啼鸟を闻く……"这个训读并不像别的外语文章的翻译那样，把和日语完全不同语

---

[1] 译者注：日语中的"训读"有两种意思。日语书写系统包括了汉字、平假名、片假名三种文字系统，同时也可以以日语罗马字转写为拉丁字母。其实，作为一种语言，日语在形成初始时并没有文字。一般认为公元3世纪前后中国的汉字经由朝鲜半岛传到日本。604年的《十七条宪法》和720年的《日本书纪》就是直接使用汉文制定和编纂的。汉字大约从5世纪开始作为表音文字（万叶假名）被用来书写日语，如712年编纂的《古事纪》和此后确立的《万叶集》。后来日本人将万叶假名草写，经过了一段时间，到平安时期进一步演变成为今天的平假名。而片假名则来源于古代日本人对佛经、汉文典籍进行读解（即进行汉文训读时）时采用汉字楷书的偏旁部首做的标记。到了中世，基督教传入日本，传教士开始用罗马字母拼写日语，由此罗马字也成为日语的一种标记形式。日语汉字的读音主要有音和训两种，简称音训，模仿中国古代汉字读音的叫"音读"，取汉字的字义按日语固有读法发音的叫"训读"。"训读"的另一种意思是按照日语语法读汉文典籍，也可称为"汉文训读"。本文所指的系后者，即"汉文训读"。

言体系的汉语诗翻译成和原文大相径庭的日语译文,而是目光顺着汉字一字一字地配合日语的语顺置换出来的,也就是说是一种人为处理过的文章。

为了读通用汉语写的诗、文章,也就是进行"汉文训读",日本人花了很长时间磨炼技术,但是不知何时开始,人们感觉训读文的韵律就是古诗的韵律。"春眠晓を觉えず",其训读的韵律是不是让人很容易以为这就是《春晓》这首唐诗的韵律? 我想大概有很多人能毫不费力地通顺念出中文的"chūn mián bù jué xiǎo/chù chù wén tí niǎo"(有关现代汉语拼音的标识请参照第 xii 页[1])吧。

日本人完全不懂汉语的音韵,却能读懂中国的古典文本,这着实是一件非常令人吃惊的事。但这里自然还存在一定极限,就是为了把汉语的诗文同化到和它具有不同语言体系的文体进行通读,中间会丢失汉语原文所具有的音韵。所以,想正儿八经学习汉语诗文或喜欢它们的人,我希望最好还是用汉语的发音去读、理解和感受作品,如果可能的话,用该作品创作出来的年代的发音。

本书将从此观点出发,以古诗为主要素材来谈谈汉语音韵。大家平时可能很少有机会接触音韵或与之相关的研究,所以或多或少会对汉语音韵有一种先入为主的观念,认为它很难读,从而对它敬而远之。但是汉字的音是和形、义一起组成汉字的重要因素。四字成语也好,汉字的训读之难解也好,抑或是讨论笔画去追求汉字的本义也好,要想知道汉字这世界上独一无二的文字的本质,深入理解汉字音韵是一件非常重要的事。而汉语音韵学即属于以音韵为研究对象的领域。

作为一门学问,汉语音韵学的研究范围非常广。最初是在南北朝时期出现了为写诗而编撰的类似查韵字典"韵书"这样的参考书。我们可以看到,一开始它只对音韵进行考察,然而之后其所涉及范围越来越大:把中国最早的诗集《诗经》中作品诞生时期的音韵,李白、杜甫活跃的唐

---

[1] 译者注:页码为原书页码,即本书的边码。全书同。

朝的音韵,通过流传下来的资料进行复原;对汉语(汉族的语言)音韵从古代到现代的演变进行探究;甚至,把深受中国文化影响的朝鲜、越南、日本的汉字音作为研究对象。以上应该就是汉语音韵学所涉及的范围。

如上所述,音韵学就是以音韵为对象所进行的各种研究,但是本书的目的是还原唐朝的发音。古代音韵在现代早已成为幻影,被蒙上了层层面纱,其原来的样子亦已不能轻易辨认。因此笔者认为,通过利用保存至今的资料,进行各种推理、还原,这本身就是一桩非常有趣的工作。

如此试图揭秘古代音韵并对其进行还原的工作,在古今中外都是一件非常吸引人的事。在日本,就有桥本进吉因为彻底详查了《古事记》《万叶集》等的万叶假名[1]的用法,所以明确了奈良时期的音韵体系,并对之后的音韵变迁进行了详尽说明,从而声名远赫(桥本著《古代国語の音韻に就いて》[岩波文库,1980年]、原《国語音韻の研究[橋本進吉博士著作集4]》[1950年,岩波书店])。而桥本研究的并不仅仅是音韵方面的问题。通过他的研究,学界对奈良时期的日语单词的意思、语源、语法等再一次进行了全面讨论。由此可见,音韵的研究对其他领域的贡献也是非常大的。

另一方面,有关印欧语系也有很多可以借鉴的研究。比如,风间喜代三在《言語学の誕生——比較言語学小史》(岩波新书,1978年)中的总结;较为专业的还有高津春繁的《比較言語学》(岩波全书,1951年)等。从这些书中我们可以清楚地看到,人们对于还原古代音以及对有关音韵的诸多问题一直非常关心。

本书无法对汉语音韵学做全面详尽的介绍,只是在以还原唐朝的发音为最终目的的同时,希望尽可能地照顾到音韵学的整体,因此本书共由四个章节组成。另外,本书采用讲义和问答的形式。

第一节将以晚唐代表诗人杜牧的七言绝句《江南春》为素材,对诗

---

[1] 译者注:万叶假名,为表记日语而用作表音文字的汉字。在平假名、片假名形成以前,通过汉字的音和训来标注与汉字本来含义不同的日语语音。万叶假名分为音假名、训假名。音假名是利用汉字的音读来表示音节,训假名是利用汉字的训读表示音节。

韵、押韵、声调（平、上、去、入四声）、平仄等有关古诗及音韵学的基础知识，通过对比欧洲、日本的诗歌进行解说。这也是第四节中尝试用唐朝发音还原《江南春》时所需的基础知识。本节还将对音韵是如何随着时代的变迁而发生变化的这一现象进行解读，具体来说，是通过对留存在日语汉字音中的入声在汉语中是如何消失的，结合现代北京话，以平声的分裂现象为例进行解读。同时这也将作为进入第二节、第三节的铺垫。

第二节的开头部分将对音韵学在古代中国汉字研究中所处的地位进行说明。之后，在探索古代汉语音韵的同时介绍基础文献"韵书"和"韵图"形成的文化背景及其基本构造，并对相关专业术语进行解释。专业术语，顾名思义是在各个不同领域单独使用的语言。说到音韵学，自然也会出现一些我们平时不怎么熟悉的术语。"专业术语"一词往往会给人以难解的印象，因此如果可以，笔者也很想避免使用。但是如果其本身所具有的意义和使用方法也能作为基础知识便于读者理解，笔者认为还是有必要啰嗦几句。我会尽量使用简明易懂的字句，希望能在给读者带来方便的同时使大家喜欢上音韵学。

第三节以试图还原在第一节中提到的杜牧《江南春》读音为前提，追溯前人还原古代音所做的各种研究之轨迹。由此也可以知道，还原古代读音绝非一朝一夕之功。

第四节将对还原已经消失的古代音的方法、过程以及为了还原而使用的材料通过具体示例进行解说，力图给读者展示唐代读音。而由于当时没有录音器材，因此，还原的过程犹如推理小说般扣人心弦。在本节的最后，将以用唐代发音诵读的《江南春》来开启江南春天之旅。

对于日本人来说，日常生活中汉字无处不在，所以汉字已经不能算是"异文化"了。然而汉字虽然和我们息息相关，它的"音韵"却往往容易被我们忽视，以至不知其为何物。本书就是想对什么是"音韵"这个问题，从它的历史、文化背景等各个角度着手，同时放眼其他领域，力争给大家刻画出

4

一个完整的图景。对已经日语化了的汉字读音,如果我们能通过知道它在其生养故乡的千姿百态而结缘音韵,那将是一件非常幸福的事吧。

* 日本人把中国古代的诗以及日本人模仿中国诗的体裁创作的作品都称为"古诗"。但是在中国,与把现代汉语诗歌称为"新诗"相对应,中国古典诗被称为"旧诗"。而"古诗"则是"汉代诗"的意思。

古诗(中国古典诗)拥有三千年的历史。自古就有四言(一句四字)的《诗经》(前12—前6世纪)、六言(三字一顿、每句两拍)的《楚辞》(前3世纪前后)等各种形式。汉代以后(前2世纪左右)兴起的五言和六朝晚期(6世纪)出现的七言这两种形式后来得到发展,到了唐代中期(8世纪),五言和七言的所有形式全部出现。具体可以用下图表示(图1)。

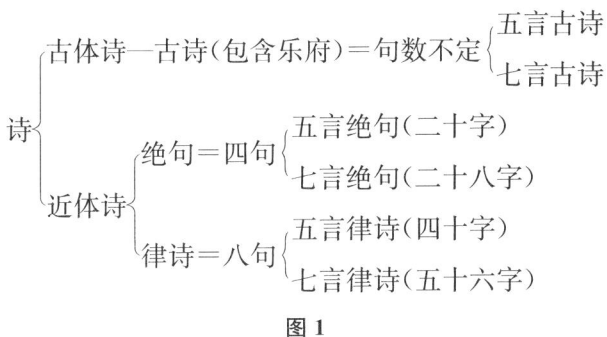

图1

另外,之前讲到《诗经》的诗基本以一句四字为主,故称为四言诗。那是因为汉字是表意文字,一个字代表一个意思。因此就有了四言诗、五言诗、七言诗的叫法。

拼音(现代中国全国通用语言"普通话"的罗马字母拼写法)的发音要领

元音

a　嘴巴张大的日语"ア"。但是复韵母"ian"的"a"发日语"エ"

的音。

o 嘴型略微变圆发日语"オ"的音。

e 用日语"エ"的嘴型发"オ"的音。但是在复韵母"ei、ie、uei"中发日语"エ"的音。

i 嘴型扁平发日语"イ"的音（用y标识的时候同样发音）。

u 嘴型变圆向前凸起发日语"ウ"的音（用w标识的时候同样发音）。

ü 介于日语"ユ"和"イ"之间的发音。

声母

b d g 在发日语パ行、夕行、カ行音时，注意控制住气流。

p t k 在发日语パ行、夕行、カ行音时，先屏住气流后从口中迸出。

m 同日语マ行发音。

l 同英语"l"的发音。

h 从喉咙深处发日语ハ行音。

j 控制住气流发日语"チ"的音。

q 发日语"チ"的音时，先屏住气流后从口中迸出。

x 同日语"シ"的发音。

※ 连接在j、q、x后面的元音"i"为嘴型扁平状的日语"イ"的发音。

zh 舌尖上翘，抵住硬腭前部，用较弱的气流冲开舌尖阻碍，发日语"チ"的音。

ch 舌尖上翘，抵住硬腭前部，用较强的气流冲开舌尖阻碍，发日语"チ"的音。

sh 舌尖上翘，靠近硬腭前部，留出窄缝，气流从窄缝中挤出，发日语"シ"的音。

r 舌尖上翘，靠近硬腭前部，留出窄缝，气流从窄缝中挤出，发日语"リ"的音。

※ 连接在 zh、ch、sh、r 后面的元音"i"为嘴型不呈扁平状的日语"イ"的发音。

z 控制住气流发日语"ツ"的音。

c 先屏住气流后从口中迸出,发日语"ツ"的音。

s 同日语サ行发音。

※ 连接在 z、c、s 后面的元音"i"发日语"ゥ"的音。

尾韵母

n 同英语 pin 的"n[n]"的发音。

ng 同英语 ping 的"ng[ŋ]"的发音。

目 录

前言 *1*

第一节 古诗与韵——迈向汉语音韵学的第一步 *1*

   I 缘起 *1*

   II 古诗与韵的故事 *2*

      古诗与韵/起承转合/古诗与唐代长安音 *2/6/9*

   III 古代汉语的音韵 *13*

      古代汉语的声调/围绕"平仄"/音韵是变化的/"十（シフ）"读作シン（sin）

      13/17/20/25

第二节 古代中国的音韵学——围绕韵书和韵图 *29*

   I 中国的语言研究 *29*

      独特的语言研究/训诂学与文字学/音韵学 *29/30/31*

   II "反切"的故事——诞生在中国的标音法 *32*

      韵书和反切/语音的基础单位——音节和音韵/"双声"和"叠韵"——把音节一分为二/"反切"的构造/谁发明了"反切" *32/33/34/35/38*

   III "四声"的故事——高低音调 *39*

      沈约确立"四声论"/"四声论"形成的背景/五声和四声 *39/40/41*

Ⅳ 韵书的故事——以韵查字的字典　42

　　　　《切韵》——标准韵书的形成/历代对《切韵》的不断增订/《广韵》——《切韵》的最终增订版　42/45/47

　　Ⅴ 韵图——现代性的音节表　49

　　　　印度悉昙学的影响/理解韵图的准备工作/制作韵图的开端/《韵镜》的产生/《韵镜》的内容和构成　50/50/54/55/56

第三节　逼近古音的真相——清朝的古音研究　58

　　Ⅰ 迈向古音构拟　58

　　　　高本汉的不朽业绩/明清的上古音研究/上古音研究的背景　58/60/60

　　Ⅱ 古音研究的黎明　63

　　　　古音研究的觉醒/围绕古音研究　63/64

　　Ⅲ 古音研究的开花　65

　　　　研究者陆续登场/段玉裁——清朝古音学第一人/《六书音均表》——段氏古音学的结晶/探究声母——钱大昕的新发现/古音研究与语言探究　65/68/69/71/73

　　Ⅳ 中古音的探究　75

　　　　陈澧与"反切系联法"/"正例"与"变例"　75/77

第四节　还原古代音——用唐代音诵读杜牧的《江南春》　80

　　Ⅰ 开启近代古音研究之旅　80

　　　　历史语言研究所的创立/高本汉的《中国音韵学研究》/与高本汉相比肩的学者——马伯乐/高本汉之后的研究状况/"上古特殊假名使用法"与《韵镜》/被高本汉忽略的"重纽"问题/有坂秀世和河野六郎推进了"重纽"的研究　80/81/83/84/85/88/90

　　Ⅱ 还原"中古音"的方法　92

　　　　能够还原的音是有限的/推测实际发音（音值）的根据/复原的具体案

例——方法和过程/中古音、唐代长安音的音值/唐代长安音的声调是怎样的/用长安音诵读杜牧的《江南春》 92/93/95/101/111/112

注 115

附录 123

李白《秋浦歌》/李商隐《乐游原》/张继《枫桥夜泊》/王翰《凉州词》/岑参《碛中作》/白居易《对酒》/柳宗元《江雪》/杜甫《春望》/李白《子夜吴歌(其三)》/孟浩然《春晓》 124/125/126/127/128/129/130/131/133/134

后记 135

译后记 138

第一节　古诗与韵——迈向汉语音韵学的第一步

Ⅰ　缘起

　　这次我决定谈谈与汉字相关的音韵学。如前所述，本书分为四部分。今天要说的是第一部分。另外，在语言学等领域，是区别使用"语音"和"音韵"的，但是在此我把"音韵"作为"语言的音"这个意思来使用，希望大家能够理解。

　　众所周知，汉字是具备"形、音、义"这三种要素的稀有文字。古代中国人在对此三要素分别进行研究后，留下了关于形的"字书"、关于音的"韵书"和"韵图"、关于义的"义书"。而后学之人各自以字书、韵书韵图和义书为基础，创立了"文字学""音韵学""训诂学"这些学问。

　　生活在汉字文化圈的我们，每一天都或多或少蒙受着汉字的恩惠。这次我们专门来谈谈这三个领域之一的音韵学。从现在开始我们要开启探索音韵学的旅程，然而在旅行之前，我们首先以古诗为素材，谈谈旅行所必备的基础知识。

　　话说中国人一般会用八个字概括中国的文学史，即汉赋、唐诗、宋词、元曲（汉代的文章、唐代的诗歌、宋代的词和元代的曲）。这样的概括实属非常贴切,但正如"唐则诗"所说的那样,唐代是诗歌最鼎盛的时代,也是产生最多优秀诗歌的时代。因此,在此我以唐诗为素材来分析音韵。

但是,即使就一个"唐诗",其数量也实在太多。清康熙帝敕编的唐诗全集《全唐诗》九百卷(1707年)共收录四万八千余首诗歌。唐诗的作者有众所周知的李白(701—762,出生地不详)、杜甫(712—770,河南巩县人)、孟浩然(689—740,湖北襄樊人)、韩愈(768—824,河南南阳人)、白居易(772—846,陕西渭南人)、柳宗元(773—819,山西西南部人)、杜牧(803—853,陕西长安人)等,可谓人才济济。

从这些诗歌当中我们决定选用晚唐诗人杜牧的诗来分析。之所以如此,自然是因为其诗的魅力,然而最重要的还是诗中的音韵。详细情况我们将在今后适当地谈到,在此暂且不表。先来介绍下杜牧《江南春》的原文吧。这首诗是所谓的近体诗(今体诗,参照前言第 xi 页)的一种,又被称作"七言绝句"。

千里莺啼绿映红　　水村山郭酒旗风
南朝四百八十寺　　多少楼台烟雨中

这首诗的训读我们待会儿再告知,讲到这里有什么疑问吗?

II 古诗与韵的故事

古诗与韵

Q　我想先问一下,有人说古诗要"踏韵""合韵""押韵",能否解释一下这个"韵"是什么?

A　这首诗第一句句末的"红"、第二句句末的"风"、第四句句末的"中",就是踏着韵的字——也被称为"韵字"。

第一节 古诗与韵——迈向汉语音韵学的第一步

中国文学家一海知义[1]曾说过一段有趣的话。他说:"简单地说,寺庙的钟'咚'的一声响过后,留在耳边的余音'嗡(ong)嗡(ong)',这部分就是'韵',这就是为什么萦绕在耳边的回响被称为'余韵'了。"(注1)这里我们再稍微补充说明一下。

很久以前,中国人就知道自己的语言(汉语)由两部分组成。以"咚(dong)"为例,可以分成 d 和 ong 两部分。

汉语音的结构,或是"辅音+元音"——这种以元音结尾的音节称为"开音节",或是"辅音+元音+辅音"——这种以辅音结尾的音节称为"闭音节"。音节开头的辅音称为"声母"(注2),除去声母的部分就是"韵",而韵必定包含着"声调"这一因素,关于声调我们等下再谈。

看看杜牧《江南春》的韵字吧。第一句的"红"字的现代汉语发音是 hóng,拿掉起首的 h,余下的 óng,即是"韵"了。

接着查一下第二句的"风"、第四句的"中"的读音,分别是风(fōng)[2]和中(zhōng),除了各个音节的起首辅音(声母)h、f、zh 不同之外,"韵"的部分,即 ong,是一样的。让我们再读一遍《江南春》吧。

这样把韵对起来,就叫"押韵"。每个句子的末尾,用相当于"句脚"的字"红""风""中"来合韵,这样的韵被称为"脚韵"。也就是说,所有的古诗都"踏着脚韵"。补充说明一下,韵在大多数场合下,不是押一、三、

---

[1] 译者注:一海知义(1929—2015),日本著名的中国文学家,神户大学名誉教授。
[2] 译者注:"风"在最初有两个音,第一个是北京读书音,就是ㄈㄨㄥ(fong),还有一个读ㄈㄥ(feng)的是北京俗音,也就是口语音。b、p、m、f、w 发ㄨㄥ(ong)音是北京读书音的标准,在民国时期出版的国音京音对照表就标注了,即 b、p、m、f、w 发 ong 音是读书音,且仅限于古诗词,eng 音为口语音。本书作者系早期接触汉语的汉语音韵学家,故采用了"fōng"作为"风"的拼音。

五奇数句而是押二、四、六偶数句。但像《江南春》这样的七言诗，正如上面所示的那样，第一句也押韵。然而，我们还不清楚为何要这么做。

关于古诗的韵，我们暂且用现代汉语语音来说明。但是，应该说古代汉字读音与现代汉字音是有巨大差别的。经历了漫长的岁月，音韵也发生了较大的变化。因此，即使懂得现代汉语，也不得不重新学习古诗的押韵，否则我们无法正确理解古诗。

Q 那么，欧洲的诗歌也有押韵吗？

A 在欧洲，既有不押韵的散文性诗歌，也有在句尾用上相同韵律的词语，即押韵的诗歌。

语言起着传达人们思想和感情的作用。这种传达不仅仅靠词语的意思来执行，词语所蕴含的韵律和节奏也承担着其中的一部分功能。词语的韵律和节奏有时比词语的意思本身更具感染力，它们能够激荡人心，让人为之振奋。欧洲的诗歌也是如此。只不过欧洲的诗中所能见到的押韵和古诗的押韵完全不是一回事罢了。古诗是在充分运用已经成型的七言绝句和五言律诗的形式的同时，通过"韵"和"平仄"（参照第21页）来体现的。这一点和欧洲的诗歌有所不同。

Q 请您具体说说古诗的押韵和欧洲诗歌的押韵有何不同之处。

A 我想，造成这种区别的原因在于语言的构造不同。汉语是"单音节词"，而且具有"声调"的特征（参照第20页）。相比之下，欧洲的语言是"多音节词"——即欧洲的语言是由两个以上的音节组成的——而且没有声调，有的只是"强弱型重音"。

欧洲诗歌的韵和古诗的韵一样起着巨大的作用。然而这种韵一般是在每行最后放上有相同末尾音节的词语，起到相呼应的作用。举个例子吧，下面是英国诗人约翰·弥尔顿（John Milton，1608—1674）的诗歌《失明》的第一节。

When I consider how my light is spent

Ere half my days, in this dark world and wide,

And that one talent which is death to hide

Lodged with me useless, though my soul more bent

人生の道半ばにも達せずして、この暗き世界でわが明を失い、

隠匿するはその罪万死に値すといわれるわが一タレントの才を

内に蔵したまま無に帰せしむるのではないか、と思い、

しかも、かつては全身全霊をあげてこの才を用い、主に仕え、

（译诗引自平井正穂编《イギリス名詩選》[岩波书店，1990 年]，有改动）[1]

这里我们不难看出第一行和第四行句末的 spent[spent]和 bent[bent]，及第二行和第三行的 wide[waid]和 hide[haid]是押韵的。请将它们与古诗的押韵做一下比较，并整理出二者的相同点与不同点。

Q　如此对比了一下欧洲的诗歌，古诗的押韵特点更进一步凸显出来了。那么，日本的诗歌又是怎样的呢？有押韵吗？

A　日本的诗歌包括和歌、俳句、长歌等，需要注意的是，它们分别是以五音节词接七音节词或七音节词接五音节词，即音节的基本句式是五

---

[1] 译者注：
该诗的中译文为：
我想到，在这黑暗的茫茫世界上
人生尚未过半，就耗尽英光
想到，我这点小财(才)埋起来就等于死亡
可它却在我这闲置荒废，虽然我的灵魂
（多么想用它为造物主服务……）
晚枫译
(http://blog.sina.com.cn/s/blog_4fbe5af80102dye0.html 2017 年 7 月 17 日载)

七或七五。[1]三十一个假名组成的和歌是以五七五七七的形式，重复五音节和七音节的节奏来完成整首诗的。（例如：心なき・身にもあはれは・知られけり・鴫立つ沢の・秋の夕暮。[2]）十七音节的俳句则是五七五。（例如：古池や・蛙飛び込む・水の音。[3]）

歌舞伎的台词悠扬连绵，能使看客为之倾倒，其中就有所谓的七五调技法。（例如：浜の真砂と・五右衛門の・歌に残せし・盗人の・種は尽きねぇ七里ヶ浜……）这里我们可以看出，日本固有的诗歌是五七调形式，看不到押韵的现象。而日语本身就是以"辅音＋元音"组成音节。这种音节构成的单位既不像拉丁字母那样能切分开辅音与元音，也不像汉语那样每个音节里能分开声母和韵母（参照第167页注2）。因此我认为在日本产生不了舍去辅音、专注于主元音（加上末尾的辅音）的押韵。

起承转合

Q 通过刚才的话，我明白了《江南春》是以绝句的形式写的。我听说绝句有"起承转合"的特殊规定。前几天前辈提醒我在组织文章的时候要考虑到以"起承转合"的方式进行归纳……我想这可能与音韵没有

---

[1] 译者注：日本的诗歌有和歌、俳句、长歌等形式。和歌，到奈良时代前形成的日本固有的诗歌名称，有长歌、短歌、旋头歌、片歌等，后世专指短歌。俳句，由音节分别为五、七、五的三个固定形式句子组成，并包含季语的日本独有的短诗型文学形式。长歌，是和歌的一种体裁，原则上将五音和七音两句反复三遍以上，最后以七音结尾。作为反歌，多数在长歌后附一首或数首短歌。

[2] 译者注：西行法师作。西行法师（1118—1190），日本僧人，俗名佐藤义清，曾仕鸟羽太上皇，任"北面之武士"。长于和歌。23岁出家，在洛外结庵修行。他被认为是和歌史上可与歌圣柿本人麻吕（日本最伟大的诗人之一，自古为日本人所称颂，也是日本最早的杰出文学家）匹敌的歌人，对后世产生巨大影响。这首和歌的大意为：无心之身亦感其哀，水鸟离泽之秋暮。其韵律为五七五七七。

[3] 译者注：松尾芭蕉作。松尾芭蕉（1644—1694），日本俳句家，生于伊贺上野，本名松尾藤七郎。他公认的功绩是把俳句推上顶峰，与小林一茶、谢芜村并称为"日本古典俳句三大俳人"。主要作品有《荒野纪行》《鹿岛纪行》《幻住庵记》《深处的小路》《奥之细道》等。这首和歌的大意为：古池冷落一片静，忽闻青蛙跳水声。其韵律为五七五。

什么关系,但还是希望您再解释一下。

A "起承转合"是指怎么写句子,也就是关于句子的构成,虽然和音韵没有直接的关系,但我想还是谈一谈吧。起承转合,即首句咏起、次句承之、三句转换场景、尾句总结整体。

再稍微说开去吧。传闻赖山阳(1780—1832)[1]曾经作了一首民谣,作为起承转合的指南书,展示给他的门人。赖山阳是江户时代的学者和古诗诗人,其著作《日本外史》不仅作为历史书为大家所熟知,也是汉文书的范本。由于这首民谣经常被引用,因此介绍如下:

[起] 大坂本町　糸屋の娘
[承] 姉が十六　妹は十四
[転] 諸国大名　刀で斬るが
[合] 糸屋の娘は　目で殺す[2]

在这里,第一句以大坂(大阪)本町纺线店有两位千金小姐来咏起。第二句承接第一句说,店家有千金小姐,姐姐十六岁,妹妹十四岁。第三句是"转"句,在这里因为必须转换场景的内容,于是引出"诸国大名"这与头两句毫无关系的事物。关于"以刀杀人",也有教材写的是"用弓矢杀"。最后第四句总结全文:大名以刀杀人,而纺线店的美丽千金们则以媚眼使男人们败下阵来。

让我们用起承转合来读一下古诗吧。下面以孟浩然的《春晓》为例:

[起] 春眠不觉晓

---

[1] 译者注:赖山阳,姓赖名襄,字子成,号山阳,山阳外史,通称久太郎,日本著名汉学家。父祖皆有名。著有《日本外史》等诸多书籍。
[2] 译者注:
该民谣的中文译文为:
大坂本町纺线店的千金小姐
姐姐十六　妹妹十四
诸国大名以刀杀人
千金小姐以目杀人

　　　　春乏无力，昏昏沉沉

[承] 处处闻啼鸟

　　　　从哪里传来像歌声一样的鸟叫声，告诉我春天来了

[转] 夜来风雨声

　　　　想起来了，昨晚风雨交加

[合] 花落知多少

　　　　这场雨，不知道有多少花儿被打落啊

这是被称为具有代表性的结构。多说一句，这首诗的韵字是"晓""鸟""少"。

那么让我们一边关注起承转合一边来训读一下杜牧的《江南春》吧。这里音读用片假名、训读用平假名表示：

江南の春

千里 鶯 啼いて 緑 紅 に映ず

千里江南，到处莺歌燕舞，桃红柳绿，一派春意盎然的景象

水村山郭 酒旗の風

在临水的村庄，依山的城郭，到处都有迎风招展的酒旗

南朝四百八十寺

南朝统治者建造的四百八十多座寺庙

多少の楼台 煙雨の中

如今有多少楼台都笼罩在蒙蒙的烟雾般的细雨之中

（日语译文来自村上哲见《三体诗 上》[朝日新闻社，1966年]）

Q　通过训读我理解了诗歌的内容。那么，如果用汉语发音去读它又会怎样呢？

A　这里我们暂且用两种汉语音和日本的汉字音（注3）作为参考，来标记这首诗第一句的读音吧。第一行用的是现在中国大陆使用的罗

马字标音——拼音，第二行用的则是构拟的唐代长安音，第三行是日本的汉字音。附带说句，这里的长安音说到底也只是一种拟音，也有别种拟音。详细情况我们第三节再谈，为了参考我们暂且把它们并列标记在一起。

qiān	lǐ	yīng	tí	lù	yìng	hóng
ts'ian平	liəi上	•ang平	diəi平	liok	•iang去	yung平
セン	リ	オウ	テイ	リョク	エイ	コウ
千	里	莺	啼	绿	映	红

比较一下这三种发音吧，差别是不是很大。

古诗与唐代长安音

Q　您在事先告知是拟音的情况下向我们展示了唐代长安音。如果是现代语言的话，我们既可以直接用耳朵听，也可以用像拼音那样的标记把音记下来。然而如果是古代的语言的话，我们根本不可能听到那个时候人们的谈话。即便如此，您是怎么知道的呢？太不可思议了。

A　你说得很正确。如果能有录音磁带留存下来的话就太好了，然而，这当然是不能奢望的。所以呢，到头来，关于古人是如何使用音韵，我们只能通过当时人们遗留下来的记录获知。不过，他们遗留下来的东西也是各种各样，具体的情况我们第二节再介绍。在众多书籍中，有一部对探求古代音韵起到巨大作用的书——"韵书"。

在"前言"里面我也说了，韵书——用韵来查字的字典——原来是被当作作诗的参考书而编撰的。韵书里面的"反切"（参照第54页）是古代中国发明的独特的标音法，它标记了收录在韵书里的所有汉字的读音。当然，古代中国是没有类似字母那样直接标音的文字。因此，反切也是用汉字表示的。也许有人会问："啥！怎么用汉字来标记汉字的读音呢？"说得很对，确实不能从反切中马上得知汉字的读音。为此，我们必须找出用反切表示的音韵——它隐藏在汉字的背后——然后用字母来转写。如果是字母的话，不管怎样都能读出来，对吧？但是这个转写的工作其实并不是那么简单。我们需要遵循一定的方法、按照某种程序来操作。这种方法就是所谓的"比较语法"。

Q "比较语法"是一种什么方法？

A 比较语法（comparative grammar/philology）——具体例子我们第三节再介绍——是比较语言学（comparative linguistics）的一个分支，通过构拟已经不复存在的"祖语"（即被认为属于同一语系的几个语言的共同祖先），来追溯各个语言的历史。

这一说法系18世纪末英国人琼斯（William Jones）提出的，他注意到梵语和希腊语、古拉丁语特别相似，再加上哥特语、凯尔特语、古波斯语等，认为这些语言应该都是来自同一个祖先。虽然这仅仅只是一个假设，但为了验证这个假设，在欧洲诞生了被称为"比较语法"的这一新学问。

到了20世纪70年代，青年语法学派（以莱比锡大学为中心的青年学者团体）推动了印欧诸语的研究。他们通过比较印欧诸语的现存文献资料，理论上构拟了印欧诸语的祖语，并尝试着推导了各个语言的发展轨迹和历史变迁。

稍后登场的高本汉（参照第88页）也运用这种方法，利用对现存的中国的各方言、文献资料、国外的汉字音等的分析，尝试复原了以上各种方言源头的"祖语"，亦是《切韵》（参照第65页）所反映的音韵。

Q 我大概明白了构拟已消失了的古代语言的方法。然而，我们如何知道这是唐代长安（现陕西省西安市）地区的音韵呢？

A 就是通过我们刚才介绍的"反切"知道的。反切，即使从文化史角度来看，也是一个十分能引起大家兴趣的话题。虽然略有偏题，在这里请还是允许我说些题外话吧。

隋朝灭亡之后闪亮登场的是唐朝。她以玄宗（712—756在位）的统治为界限，之后就渐渐走向衰亡。而从根本上动摇唐朝基业的是安禄山之乱(755年)，其后又因为党争、宦官势力的抬头以及周边少数民族的叛乱等原因，唐朝一路猛跑地踏上了衰亡之路。这是人尽皆知的。

刚好在那个时候，在疏勒(kashgar，中国新疆维吾尔自治区塔里木盆地西北部城市)诞生了一个叫慧琳的人。时间在唐玄宗开元二十五年(737)。后来他成为大兴寺的和尚，直到唐宪宗元和十五年(820)八十四岁去世为止，他都在西域僧侣不空金刚(Amoghavajra)的译经场从事翻译工作。他五十一岁开始注释《大藏经》的音义(即音韵和意义)，七十四岁完成。

值得关注的是，慧琳的这个音义——《一切经音义》(简称《慧琳音义》)——参考的音韵，根据书中所附的序文推测，是当时的首都长安的音韵。由此看来这本音义是非常重要的资料。

根据文献得知，当时保存着记录唐代长安音的韵书。因为长安一带以前是秦地(秦始皇的故乡)，这些韵书被称为"秦音系韵书"。可是不知为何，这些韵书一本也没能流传后世。虽说唐朝的长安是当时的国际大都市，然而当地所使用的音韵，也就是所谓的长安音，却不可能成为官方语言。

Q 打断一下，您是说长安音并不是所谓的标准音吗？没能成为官方语言又是怎么一回事？那时候我们日本人不正为唐朝的文化所倾倒，而认为唐首都长安音即是标准音，继而把它当做正音——即后来的所谓汉音[1]——向全日本推广的吗？

A 是啊。但是当时的情况跟日本不太一样。后面我还会讲到，中国韵书的真正历史其实是从陆法言编撰的《切韵》(601年)算起的。《切韵》一直到宋代编修《广韵》之前都是韵书的权威。唐代人也编了好几本

---

[1] 译者注：汉音，日语汉字的一种读音，以隋唐时代中国西北部发音为基础，8—9世纪传入日本。

韵书,但不管哪一本韵书,其体系都是属于《切韵》系统的,故这些韵书也被称为"《切韵》系韵书"(参照第 68 页)。

众所周知,中国的科举制度是为那些想要成为高级公务员的人准备的大规模考试。唐代科举中有一科叫进士科,进士科的及第者有望获得高官厚禄。因此,进士科吸引了众多人才。进士科的应试考试科目里有作诗一项,而对所作的诗是有一定要求的。这个要求就是必须按照两百年前的《切韵》所展示的韵律来作。因此,《切韵》所展示的押韵规则对于那些向往高官厚禄的应试者来说,就真是金科玉律了。如果谁胆敢违背,那就意味着他自己切断了通往权力和荣誉之路。

Q 原来如此。编撰者陆法言做梦也不会想到,《切韵》会成为让人出人头地的秘籍吧。

A 没错。实际上《切韵》序文的结尾有这么一句话:"直欲不出户庭。"所以,可以说后来发生的事情是完全违背了陆法言本意的。总而言之,终唐一代,作为诗歌押韵的典范,《切韵》都在为权力与荣誉保驾护航。而长安音不可能成为官方的主旋律。

在这样的时代里,除了慧琳这种出生于外国而毫无追求功名利禄之心的僧侣能够基于活生生的长安音来编撰音义书以外,大概没人能不被《切韵》等韵书所束缚吧。我想,浸淫于儒学土壤中的唐代士人们是绝不会编撰出这样的音义书的。

从这种意义上看,我认为《慧琳音义》作为探求唐代长安音的宝贵资料,确实是文化史上珍贵而又意义深远的东西。而且,幸运的是,已经有研究整理出了《慧琳音义》中记录的"反切"(注 4),基于这些材料和研究,我们有能力知道唐代长安音的概貌。具体问题我们将在第三节讲。

稍微扯远了,但我想说的是,我们手上的资料,背后都是有文化和社会背景的。因此,我认为我们必须注意和意识到材料的文化和社会背景,从而做到仔细认真地利用材料。

这里让我们来看看刚才列举的唐代著名诗人们的出生地吧(参照第3页)。大家注意到了吗？对的,只有杜牧生于长安。杜牧二十六岁中了进士,这是他踏上仕途的第一步,由此我们可以认为他的少壮年时期都是在长安度过的。一般认为,从三四岁能记事开始到青春期为止的十年左右的时间,是一个人能够完全掌握一门语言的时期,即语言形成期。所以杜牧是真正有条件用长安音作诗的诗人。

　　那种诗歌并不是科举所限定的死板的、即便墨守成规也无所谓的诗。《江南春》吟咏着杜牧双目所见的美丽的江南景色,强烈反映了长安音的音韵。我不选其他诗人而选杜牧,这也是一个原因。

　　那么,让我们再回到古诗的话题上吧。有问题请提问。

III　古代汉语的音韵

古代汉语的声调

　　Q　我想问的是关于刚才展示的唐代长安音的问题。例如,刚才的"千[tsʻianᵖ]"的右上角的"平"和"里[liɔiᵘ]"的右上角的"上"字,代表着什么？

　　A　怪我没有说清楚,抱歉。这是表示声调的符号。声调具有区别字意的作用,系高低音调的一种,共有平上去入四类,即平声、上声、去声和入声四个声调,所以习惯上称它们为"四声"。继承"四声"的是目前在中国作为通用语的现代汉语——普通话。

　　但是,两者的实质已经完全不一样了,这是需要注意的地方。现代汉语的"四声"为高平调、中升调、降升调、全降调四种,按此顺序,"四声"又分别被称为一声、二声、三声和四声。但是古代的平上去入具体到底是什么样的声调,实际上还存在很多疑问。关于这点我们第三节再说。

Q 原来汉语的声调是一种高低音调啊。但是,我们怎么知道创作唐诗的时期是有声调的呢?

A 刚才我们说到,中国韵书的真正历史是从隋代的《切韵》开始算起的。看一下《切韵》,整体上是以平声、上声、去声、入声的顺序来分卷的。唐代时期编修的《切韵》系韵书也是同样以平上去入四声来分类的。由此,我们可以推断当时是有四个声调的。

Q 我们经常听到"这首古诗不合平仄",这句话和刚才您说的平声有关系吗? 不过话说回来,平仄又是什么呢?

A 日语里对于说话语无伦次、不合逻辑有"平仄が合わない(意为平仄不对,即不合条理——译者)"的说法。这个说法就是来源于古诗的创作规则。平仄的平,就是你说的"平声",而平声以外的上声、去声、入声合起来被称为"仄声"。相应地,大家把平声字称为"平字",而仄声字就是"仄字"了。

然而,平声到底是怎样的,现在还不十分清楚,但推测是一种平稳、缓和的调子。而仄声的"仄"即是"侧"的意思,换句话说就是"倾斜"的意思。然而,为何把上去入三声合在一起称为"仄声"? 这也还不十分清楚。有一种说法认为,那是因为在唐初或者唐初之前,平声的音长较长,上声和去声相对短些,而入声是最短的。当然也有人不这么认为,所以不清楚到底是什么情况。

自唐以后的近体诗,除了有句数的限制以外,在音韵层面还有严格的规定——声律。平仄相合指的就是声律。平仄的制约在六朝以前,也就是所谓的古体诗(古诗)里面是没有的。所以是否有平仄是区分古体诗和近体诗的标准。关于平仄我们会再次谈到的(参照第 26 页)。

Q 好的,我明白了古代汉语有平上去入四个声调(四声),以及它们又被分成平和仄两部分。那么,是谁第一个发现汉语有四声的呢? 我现在正在学习汉语,所以知道现代汉语有四个声调,那是因为老师告诉我们

"汉语有四个声调"。如果没有那样的知识,让我去听汉语,然后再问我:"来吧,你来说说能够区分字意的高低音调有几个?"我想我是回答不上来的。如果不是对语言十分敏感的人是无论如何也分析不出来的吧……

    A 哎呀,你问了一个很难回答的问题。当被问到"创造汉字的人是谁"时,我们姑且可以回答说是有四只眼睛的黄帝史官仓颉。然而,这到底只是传说,所以对于汉字的产生我们还可以这么搪塞过去,但是,遗憾的是关于声调完全没有类似的传说,所以我只能承认,我真回答不上来。

    但是,根据文献我们得知,中国人在5世纪左右发现了声调。

    很久以前,大约是商周时期吧,汉语就被认为有声调,然而,一直到南北朝时期(439—589)人们才发觉它的系统性。南朝宋(420—479)末期开始,追求音韵的潮流兴起,人们专研音韵,对音律的追求越来越精细。于是,大家慢慢了解到当时的汉语有四个声调,从而产生了关于四声的主张,即"四声论"。

    根据隋代刘善经《四声指归》里的记载,四声之说由周颙(?—485)首倡。梁朝文人、《晋书》和《宋书》的作者——沈约(441—513)继承其说,著《四声谱》,确立了"四声论"。据说也是沈约等人确立了"四声"这个名称。

    那时,关于诗的理论(当时以五言诗为中心)也是以沈约等人的讨论最为热烈。他们注意到,如果诗句中四声的排列方式不妥,那么在语音上就会产生不和谐的感觉。他们把这种不和谐的做法归纳并命名为"四声八病",后来逐渐定型成为平仄押韵法则。

    Q 沈约是一个触角十分敏锐的语音学者。能够系统地认识到四声的存在,这是非常厉害的!但是对于一般人来说,他们和四声没有什么关系吧。

    A 知道并了解四声的人在当时只有为数不多的一些知识分子,一般大众并不懂四声。关于此事还有一个小故事。这个故事与南朝梁的第一位皇帝武帝(464—549)有关。话说梁武帝是一位仁慈、心胸开阔、笃信佛教的明君,同时也是一位高级文人。他致力于推动学术的发展,建筑了南朝文化的黄金时代。然而,就是这么一个梁武帝,却怎么也理解不了四声。故事记载在刘善经的《四声论》中。史书《梁书·沈约传》也记载了同样的故事。

> 梁王萧衍不知四声。尝从容谓中领军朱异曰:"何者名为四声?"异答云:"'天子万福',即是四声。"衍谓异:"'天子寿考'岂不是四声也?"[1]

朱异所说的"天子万福",自左而右分别是平上去入四个声调,他巧妙地用这四个字概括了四声。与此相比,武帝的"天子寿考"的"寿"字后面——暂且不说"寿"字是上声字的同时又是去声字——应该放入声字在句尾,却被配上了上声字"考"。因此我们不得不认为武帝不懂四声。或许武帝根本就没有考虑什么声调,仅仅把四个字连在一起了而已。

当然,也有想要无视四声的人。在与沈约和梁武帝同时代的文人中,有个叫钟嵘(468—519)的。他著有《诗品》,书中评论了自汉到梁的五言诗诗人共计一百二十三人,并将他们分为上中下三个品级。然而,这样一个有文化的人却完全不愿意去理会四声,在他看来,"文学作品只需追求语言的平整,什么平上去入之流我是怎么也理解不了的"。

从这些故事里可以得知,四声经历了相当的岁月才被普通民众所了解。在沈约的时代过去了大约一百年后,直到南北朝末期,中国人终于知道自己的语言包含有四个声调,有关四声的知识也得到了普及。因此,才能第一次以平上去入分卷的形式编撰韵书,并将其作为创作诗歌的参考书。

回顾汉语的音韵学研究史,我们不能忘了第一个提出"四声"这个特征的沈约。顺便说一个题外话,你们知道有个与沈约有关的词语叫"沈腰"吗?"沈"就是沈约的沈。这个词来源于一个故事,说的是沈约因病而消瘦,以至于革带上的孔都移位了。它比喻因为生病而导致腰围变

---

[1] 译者注:原文做如此记述。查此故事为《文镜秘府论·天卷·四声论》所引。

细，形容身体衰弱的严重程度。虎死留皮，人死留名，沈约作为“四声论”的先驱者把名字留在了词语里面。

围绕“平仄”

Q　那么就请教一下由沈约开始的所谓的“平仄合律”的规则吧。

A　这个规则——艰涩地说就是“法则”——其实有很多条。由于那些法则实在太难了，这里不可能全部都讲。具体就交由专业书籍去解释吧，在这里我想介绍一下最基本的四条法则。

· 法则一：五言诗需“二四不同”，七言诗则需“二四不同、二六对”。就是说，各句的第二字和第四字的平仄必须相反，而第二字和第六字必须相同。我们拿绝句来做例子（图 2 和图 3）。平字用○、仄字用●来表示，空白栏则表示平仄皆可。 27

1	2	3	4	5
	●		○	
	○		●	
	○		●	
	●		○	

图 2　五言绝句

1	2	3	4	5	6	7
	○		●		○	
	●		○		●	
	●		○		●	
	○		●		○	

图 3　七言绝句

第二句和第一句平仄相反（平仄呈左右对称的形式），第三句和第二句相同，第四句和第三句相反。

• 法则二：回避下三连。即各句的后面三个字不能以〇〇〇或●●●并列。

有一个小故事。著名的大文豪夏目漱石（1867—1916）[1]在明治三十九年（1906）发表的小说《草枕》里有一节写到，主人公青年画家"登观海寺的石阶时得句'仰数春星一二三'"。这句应该读作"仰_{あお}いで数_{かぞ}う春星_{しゅんせいいちにいさん}一二三"。确认一下这句的平仄，你会发现，"仰""数"是仄字，"春""星"是平字，"一""二"是仄字，"三"是平字，即●●〇〇●●〇。也就是所谓的"二四不同、二六对"，而且回避了"下三连"。夏目漱石在明治十二年（1879）进入东京府立第一中学（今都立日比谷高中）学习，两年后的四月，由于生母千枝去世，他退学了，转而在三岛中洲的汉学塾二松学舍（今二松学舍大学）集中学习古诗，具备了作诗的素养。我们可以从这句诗中窥见一斑。

• 法则三：回避"孤平"。也就是说要回避像●〇●这样的平字被仄字包围的状况，尤其是五言诗的第二字和七言诗的第四字不要犯这样的禁忌。刚才举的夏目漱石的诗就巧妙地遵守了这一法则。

• 法则四：偶数句（二、四句）句末（即韵脚）的字须是平声，奇数句（一、三句）句末不押韵，应是仄字。另外，有的七言绝句的一、二、四句句末字是韵字，如杜牧的《江南春》。

以上为主要法则。

---

[1] 译者注：夏目漱石，本名夏目金之助，笔名漱石，取自"漱石枕流"（《晋书》孙楚语），日本近代作家。他在日本近代文学史上享有很高的地位，被称为"国民大作家"。他对东西方的文化均有很高造诣，既是英文学者，又精擅俳句、汉诗和书法。写小说时他擅长运用对句、迭句、幽默的语言和新颖的形式。他对个人心理的描写精确细微，开启了后世私小说的风气之先。他的门下出了不少文人，芥川龙之介也曾受他提携。他一生坚持对明治社会的批判态度。

第一节　古诗与韵——迈向汉语音韵学的第一步

Q　我正在学习汉语,对古诗特别感兴趣,那么现代汉语能够区分平仄吗?

A　懂得现代汉语对于区分平仄特别有帮助。但是我也要非常遗憾地告诉你,仅仅这样,有时候还是无法区分平仄。然而也不要失望,大家熟悉的日语的汉字音能够弥补这一不足。要推测某一汉字的平仄有两个条件:一、懂得现代汉语语音;二、懂得日语中的汉字音。如果这两个条件都具备了,那么无异于如虎添翼,就能推测平仄了。现在我们暂且不谈现代汉语语音,先来稍微了解一下日语汉字音和平仄的关系。

众所周知,我们日常接触到的汉字被赋予的音原本是来自中国的。而且,令人惊讶的是,日本汉字音保留着一部分现代汉语语音里早就消失的古代汉字音。具体而言,就是古代汉语拥有类似英语的 lip、it、book 那样的,在字尾发-p、-t、-k 的闭塞音——就是被称为"入声"的东西。然而,据推测,到了元朝(1271—1368)时期,这种音在北方的汉语里消失不见了。因此,大家所学习的汉语(普通话)里是没有入声的。

Q　您说的早就消失的-p、-t、-k 等音的痕迹,在现代日本的汉字音里还可以看到吗?

A　对,是的。例如,十(シフ si hu 或 ジフ zi hu——拉丁字母为译者注,下同)、发(ハツ ha tu)、八(ハチ ha ti)、六(ロク ro ku)、石(セキ se ki)(此处标记使用"旧假名使用法"[1]),末尾分别有フ(hu)、ツ(tu)、チ(ti)、ク(ku)和キ(ki)。这一现象即中国大部分地区已经消失不见的-p、-t、-k 的残留。前面我们介绍过了,汉语音节里有"辅音＋元音＋辅音"(即"闭音节")构造,但是,吸收汉字的日语音只能是"辅音＋元音"(即"开音节")。因此,不得不想办法把以-p、-t、-k 等结尾的汉语音顺利引入

---

[1] 译者注:系假名使用法的一种,相对于现代假名使用法,被称为"旧假名使用法"。一般认为系江户时期由古典文学家契冲修订并发展的契冲假名使用法,从明治开始至第二次世界大战结束,一直作为学校教育的正式书写方式。二战后,直到日语文字改革、"现代假名使用法"出现,一直被视为正式书写方式。现代的大众读物里只有涉及古典文学作品时才出现。

19

日语当中。于是古代的人们想出来一个办法：他们把汉语闭音节末尾的辅音分开，再添上元音 i 或者 u，就变成"辅音＋元音、辅音＋元音"两个音节了。也就是说：

十［źiəp］记成si-pu（或zi-pu）；发［piwɐt］记成ha-tu；八［pɑt］记成ha-ti；六［liuk］记成ro-ku；石［źiäk］记成se-ki。

中国古代音字尾的闭塞音-p、-t、-k 和日本的汉字音对比如下：

-p→フ(hu)、-t→ツ(tu)或チ(ti)、-k→ク(ku)或キ(ki)

古代汉语音的-p、-t、-k 以这种形式保留在日本汉字音当中。而以フ、ツ、チ、ク、キ等结尾的"入声"字与上声字和去声字一并被称为"仄字"。这就是用日语汉字音来区分汉字平仄的一种方法。我想大家应该明白了吧。

Q　那么，接下来请您给我们解释一下现代汉语语音和平仄之间的关系吧。

A　前面提到过现代汉语语音有四种高低声调，也就是"四声"。这个四声用表示汉语音节的罗马字（拼音）来标识的话，是使用‾、ˊ、ˇ、ˋ（从左往右依次是一声、二声、三声和四声）标注在主元音上来区别四声。例如，mā(妈)、má(麻)、mǎ(马)和 mà(骂)。其中，原则上一声和二声为"平"，三声和四声为"仄"。这样就能初步判断平仄了。但是请不要忘了这仅仅只是"原则上"。因为，古代汉语的入声字（属于仄字），根据现代汉语读音也有被认为是平字的。例如刚才举的以-t结尾的入声字"八"，按照现代汉语读音是一声 bā。换个角度，本应该是仄声的，到现代汉语读音却成了平声。再像德(dé)、拂(fú)等，原来是入声的现在却成了二声。所以，在区分平仄的时候，首先用日语汉字音检查一下是否是以フ、ツ、チ、ク、キ等结尾的入声字，然后再以现代汉语音来判断，这样会更好些。

音韵是变化的

Q　回到入声问题上来。我想问的有两个问题。既然古代汉语的入声在北方汉语里已于元朝时期消失不见了,那么,那些入声字后来发生了什么变化?还有,您说现代汉语的一声和二声就是古代的平声,三声和四声就是古代的仄声,这是怎么知道的?

A 你提的问题相当专业。解释的话可能会稍微说远去了,但为了回答你的问题,我们先来介绍一本韵书。答案就在这本书里。

这本韵书叫《中原音韵》(图4)。南宋灭亡后,蒙古人建立了大帝国元朝。在泰定元年(1324),有个叫周德清(1277—1365)的人为了用白话

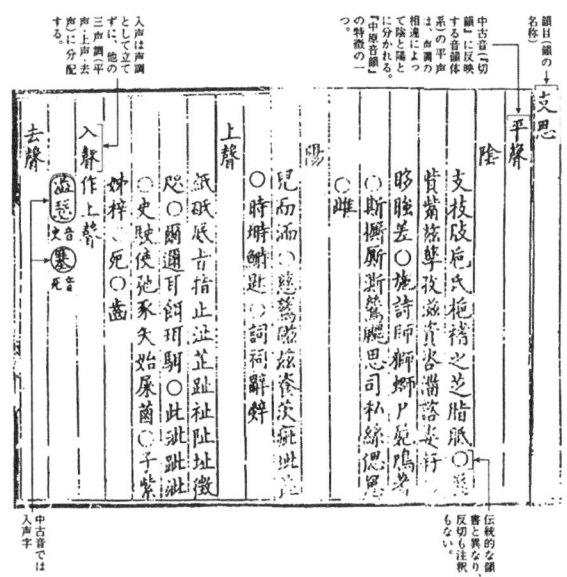

图4 《中原音韵》第一部的开头部分[1]

---

[1] 译者注:
图中日文汉译从右往左为:
(图的上方)
韵目(韵的名称)。
中古音(《切韵》所反映的音韵体系)的平声根据声调的不同分为阴阳。此为《中原音韵》的一个特征。
入声不单独作为一个声调,而是融入到余三声(平声、上声、去声)中。
(图的下方)
与传统的韵书不同,没有反切也没有注释。
中古音为入声字。

(口语)写元曲押韵而编了这本韵书。其中,记载着两条对于探求汉语音韵历史非常重要的信息。

第一条:入声消失,《切韵》系韵书(参照第 68 页)中的入声字被派入平上去三声;

第二条:《切韵》系韵书的平声分化为"阴"和"阳",也就是说,本是一个声调的平声变成了"阴平"和"阳平"两个声调。

以上两条信息表明,由于音韵的变化,原来的"平上去入"体系后来变成"阴平、阳平、上、去"体系。并且我们可以简单地理解为,上文中的"阴平"就是现代汉语的一声,"阳平"就是二声,"上"就是三声,"去"就是四声。也就是说,现代汉语的一声和二声就是古代的"平",三声和四声就是"仄"。刚才的说明用图来表示就是以下内容(图 5):

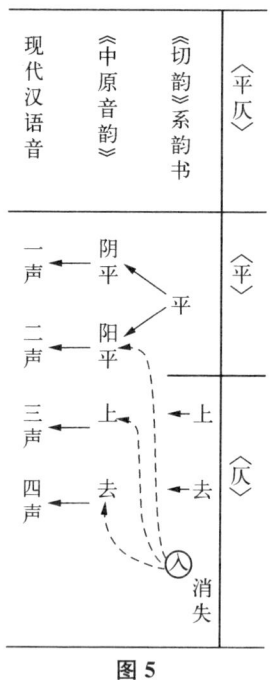

图 5

Q 我明白了,音韵是随着时间的变化而变化的。但是,变化是如何产生的?音韵变化是否有一定的条件?

第一节 古诗与韵——迈向汉语音韵学的第一步

A 这个问题提得十分专业。要想知道音韵为什么会发生变化,其实是一件十分困难的事情。但是,刚才所说的平声分为阴平和阳平的条件,以及入声消失并派入平上去三声的条件,姑且能够说明。虽然有点难,我们还是尝试解释一下吧。先从结论说吧,以上两个问题都与音节的开头音(即声母,参照第167页注2)的清浊有关——这一点决定了音变的方向。

首先说明古代汉语的平声是如何在元朝时期分为"阴平"和"阳平"。一般认为,在唐朝,中国北方话的 b、d、g 等浊音声母开始变成 p、t、k 等清音声母(即浊音清化)。这一变化把平声分化为一阴一阳。现在我从众多声母当中举 p、b 等使用嘴唇发音(称为"唇音",参照第84页)的声母为例来说明。古代汉语里除了 p 以外还有现代汉语(普通话)里所没有的浊音 b。也就是说,虽然现在已经消失,但 p 和 b 的对立在当时是存在的。然而,随着 b 向 p 变化(清化),这种对立也随之消失。这种对立的消失所引发的后果就是声调发生了变化。我们先假设原来的 p 变成 p^1,b 变成 p^2。如图6所示,p^1 变成"阴平",而 p^2 则变成了"阳平"。d 和 g 等其他浊音也发生了同样的清化。

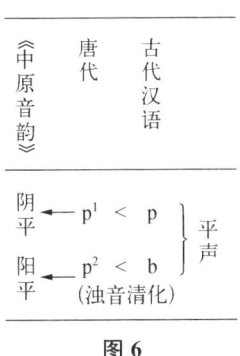

图6

Q 浊音清化怎么会引起声调的变化呢?

A 音韵的差别起着区分意思的作用。比较一下现代日语的 ka 和 ga 你马上就会明白。比如含有 k-的"蚊(ka)"和含有 g-的"蛾(ga)",k-对

g-即清音对浊音——清浊差别在日语中起着区别词义的作用。古代汉语也有 p-和 b-,也就是通过清音对浊音这种方式来区别意义,然而后来这种对立消失了。清楚明白地区分意义对于有效沟通交流是十分重要的。所以,我们可以理解为,原本具有区别词意作用的清浊对立转移到了声调的差别上去了。

Q　请您说说入声是怎么消失并派入平上去三声的。
A　入声的变化也跟声母的性质有关,声母的性质左右着平上去的分配。这里的变化大体上分为三个条件。我们参考图 7 来解释。

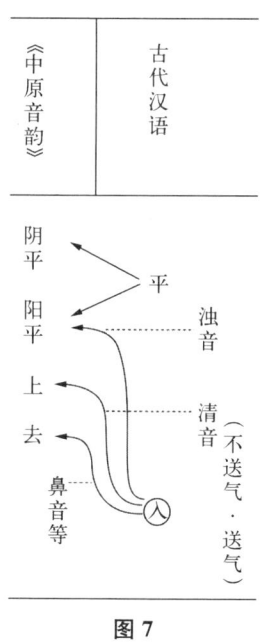

图 7

在此,我们举唇音为例子说明。

(一)古代汉语 p-(不送气清音,拼音记作 b)和 p'-(送气清音,拼音记作 p)的入声字原则上派入《中原音韵》里的"上声"里;

(二)古代汉语 b-(浊音)的入声字原则上派到《中原音韵》的阳平声里;

(三) 古代汉语 m-(鼻音,拼音记作 m)的入声字原则上派到《中原音韵》的"去声"里。

除了"唇音"之外,例如 t-、d-、n-(舌音)与 k-、g-、ng-(牙音)等也是同样道理。t-、t'-的入声字派到上声,d-的入声字派到阳平声,n-的入声字派到去声。

Q 顺便再问一句,根据您刚才的说明,古汉语的平声一分为二,原来古汉语的 p-,也就是 p^1-变成阴平(现代汉语的一声),原来古汉语的 b-清化后成为 p^2-再变成阳平(现代汉语的二声),这是为什么? 难道是偶然吗?

A 在生理上,浊音的音高比清音低。这就是原因。现代汉语有四个声调,其特征如图 8 所示。四个声调可以归纳为"高"和"低"两个大类。

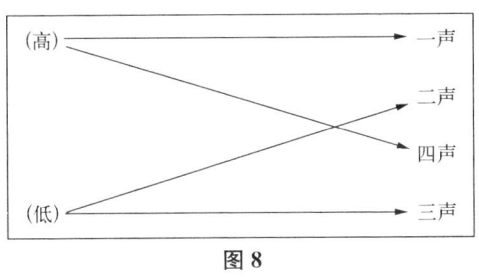

图 8

一声和四声是"高"的,二声和三声是"低"的。浊音 b-变成清音 p-,即浊音清化时,平声分为"阴"和"阳",原浊音就自然变成低声调的"阳(平)"了。顺带说一句,这种现象并非汉语独有,与汉语同样拥有高低声调的藏语,在浊音清化之后,也会变成低声调。还有别的问题吗?

"十(シフ)"读作シン(sin)

Q 回到刚才入声的话题,您在说明的时候谈到,"十"是入声字,标记成"シフ(si hu)"或者"ジフ(zi hu)"。但是杜牧《江南春》第三句的训读是"四百八十寺(si hia ku has sin zi)",这里的"十"是读作"シン

(sin)"而不读"シフ(si hu)",这是为什么呢？难道有什么特别的理由吗？

A 你的观察很细微！确实,在很久以前的译注本上也有训读为"八十(ジフ)寺"的,然而这很少见。一般习惯读作"八十(シン)寺"。因为,据说在南宋后期有个叫蔡启的人,他在《蔡宽夫诗话》里说,"十"原来是个入声字,但是此处应读作平声。

如果为了遵守作诗规则的话,"南朝四百八十寺"的"十"处应是个平声字,可这里却是个入声字"十"——这是破坏规则,也就是"破格"了。因此蔡启解释说,在这句里"十"应该读作平声。也就是说,为了遵从这个主张而把它读成"八十(シン)寺"的。

再补充一句,入声"シフ(si hu)"或者"ジフ(zi hu)"对应的平声字的读音是シム(si mu)或者ジム(zi mu)。因此本来必须读"八十(シム)寺"的,可是日本很早以前ム(mu)音就变成了ン(n)音,所以结果就读成"八十(シン)寺"了。

Q 想不到原来是这样。故意找茬儿地再问一句,我们是否可以考虑杜牧在吟咏《江南春》时完全没有想到打破规则,只是把"十"当做入声字使用？后人翻出诗歌的规则,于是他们觉得"十"应该读作平声？

A 你说的也有些道理。实际上,中国文学和汉语语言学学者小川环树(1910—1993)曾经表达了他的看法。他指出:"大体上唐代的名家作品多含有不合平仄规则的句子,也就是说破格的诗也不少,没有必要一字一字地去变读。押韵不规则的诗,除了韵脚以外没有必要死抠平仄。因此也用不着硬要把杜牧诗中的'八十寺'故意读成'ハッシンジ'。"然而现如今能这么想的人已成少数派了。

小川对于"十"为何读作"シム(si mu)",一直百思不得其解。但是,据说他在读了西门[1]1958年发表在伦敦大学杂志上的论文后,茅塞顿开。西门的论文是关于用藏文转写汉字发音的敦煌出土文献的。其中引用了"二二得四、二三得六"之类的"九九乘法表"。

其中特别引起小川注意的是,"十"大多数被记成"śib"(拉丁文转写,下同),可是只有在"五"和"二"之前会被记成"śim"。即"十五"作"śim-hgu","十二"作"śim-źi"。小川考察了"五"和"二"的古代汉语语音(西门使用的资料是9世纪前后的手抄本),推断它们的声母含有鼻音要素。于是,他进一步推测,虽然"十"的末尾辅音是-b,然而在其后接为鼻音时,受到鼻音的影响,-b就变成了-m。小川对此做出结论,认为这是"后接鼻音引起的同化(assimilation)作用"的结果。(注5)

同化指的是,某一个音在连续的语流中,受或前或后或相邻的音的影响,变成与之相似的音的现象。

同时,小川认为,敦煌文书,特别是以藏文记录的东西,应该是出自中国西北地区,因此这份资料所反映的应该是唐代西北方言,而这种语音的变化或许正是始于唐朝首都长安。如果真是这样的话,那么我们可以这么想——生长于长安的杜牧在写"八十寺"时,可能把"十"发成-m不是-p。

Q 关于"十"的发音,我还有一个问题,是关于"ン(n)"音的。刚才谈到日语的音节是以元音结尾的"开音节","ン(n)"不是辅音吗?如果是这样的话,"シン"不就成为以辅音结尾的"闭音节"了吗?

A 哦,是这个问题。你说得对,怪我没说清楚。古代汉语的音节末尾,也就是字尾的语音,除了刚才所说的入声音的b、d、g之外,还有鼻音m、n和ng。这些音作为正音传到日本,所以我们可以认为学习正音汉文的日本人模仿了中国人的发音。然而,不管怎么说,这些音都还是外

---

[1] 译者注:西门华德(Simon Walter),著名中国语言学与汉藏语言学家。

语语音。日语里没有类似的音尾,即日语是"开音节"构造的语言。不久后,由中国传入的汉语在日语中被大量使用,从平安时期开始,音节末尾的音渐渐进入日语语音系统,于是"ン(n)"就成了日语语音的一部分了。

发音是会一点点发生变化的。-m音从院政时期[1]起到镰仓时期[2],渐渐变得与"ン(n)"没有区别对立,就成了"ン(n)"了。"三""点"等字尾的-m变成了与"赞""天"等的字尾的-n一样了。同时,-ng变成了"ウ"和"イ"音。"上(ジョウ)""东(トウ)"等字尾的ウ原本是-ng,"平(ヘイ)""青(セイ)"等字尾的イ原来是-ng(详情参照第172页注35)。入声尾的变化前面已经介绍过,就不赘述了。

如果没有其他问题的话,这一节就到此为止吧。

---

[1] 译者注:院政是指日本平安时代(794—1192)末期由太上天皇(皈依佛门后称法皇)亲掌国政的政治制度。自1086年院厅建立至1192年(一说1185年)镰仓幕府建立的百余年间,史称院政时代。

[2] 译者注:镰仓时代(1185—1333),以镰仓为全国政治中心的武家政权时代。

第二节　古代中国的音韵学——围绕韵书和韵图

I　中国的语言研究

那么,就让我们进入第二节吧。前言说过,第二节主要是围绕"韵书"和"韵图"——这些是探究汉语古代音的基本材料——展开的。理解韵书和韵图是构拟古汉语语音的基础。

在进入正题之前,先让我们概观一下中国特有的语言研究的三大领域——训诂学、文字学、音韵学——分别是在什么样的文化背景下诞生的。我想,这对于了解本书所要介绍的音韵学在汉语语言研究领域里到底占据什么样的地位是十分必要的。

独特的语言研究

中国的语言研究,拥有不亚于希腊和印度的漫长历史。从两千多年前的周秦时代开始,直到现在,各个方面的研究都在被延续并结出了独特的语言研究的果实。然而,中国的语言研究与希腊、印度的相比,差异甚大。

在古希腊,关于语言的研究首先是从哲学的思辨开始的。此后希腊语言研究进入到语法学领域,其古典文献研究也十分发达。另一方面,在印度我们能看到十分精密的语法学和发达的语音学研究。与此相反,直到20世纪的中国,语法学等领域才有人涉足。在此之前,研究对象无一例外只有汉字——构成汉字的形(文字学)、音(音韵学)和义(训诂学)此三者。因此,中国在汉字研究方面无疑收获了众多成果,同时构筑了汉字国家独特的研究传统。

实际上,春秋战国时期的孔子、孟子、荀子和墨子等人也曾通过与语言有关的抽象的角度来讨论名与物事的关系等,然而这种讨论仅仅限于那个时代,后世并没有继承。两汉时期(前2世纪—公元3世纪初),学者们把注意力集中放在了汉字上,且研究十分专一。在以儒教为国教的汉代,人们整理四书五经,苛求对经书的正确理解,最终导致汉字成为学问的中心。可以说,直到20世纪,中国的语言研究除了对汉字的研究之外没有别的了。

中国的语言研究——汉字的形、音、义的研究——三大领域按诞生顺序来说,最早是训诂学,然后是文字学,最后才是音韵学。

训诂学与文字学

语言随着时间的流逝而变化。同样,汉字(词)的意思也如此,古书上的词句也随着时代的推移变得越来越难解。因此,用当代的词语来解释古书就成为必要。在中国,前4、前3世纪左右开始有了对古代文献做注释的工作。人们采用的方法就是被后世称为"训诂"的方法。在尊崇经典的汉代,训诂学逐渐形成。到了东汉,训诂学十分兴盛,两汉学术(经学)的集大成者、著名学者郑玄等人就是以训诂学为研究对象而登上历史舞台的。

东汉和帝永元十二年(100),中国文字学史上一座不灭的金字塔、一部"圣典"诞生了。这就是许慎的《说文解字》(略称《说文》)。东汉使用的汉字是所谓的"隶书"。秦始皇统一天下之后,战国时代各国的汉字被禁止使用,与此同时,秦始皇颁布了新造的文字——小篆——作为官方文字。但是小篆的曲线太多并不实用,政府部门用着很不方便。于是,以直线为基本书写方式的隶书作为实用性文字被推广使用。到了汉代,隶书成为标准字体。

汉代,众所周知分为西汉和东汉。汉字在西汉的境遇还不算差。政府设立汉字考试,十七岁以上的人都可以参加,如果合格就能被任命为政府部门的书记官或者中央政府的科长助理等职。

但是到了许慎生活的东汉,汉字考试被废,人们对汉字的学习也变得十分马虎怠慢。由于字体混乱,还出现了因为隶书字形被错误理解的现象。许慎感叹当时的不良风气,开始了他的汉字研究。今天大家熟悉的单人旁和草字头等部首,就是当时许慎归纳的"部首法"的产物。他把九千三百多个汉字分类排列,以"六书"来解说汉字的构造。中国特有的文字学自此开始。

音韵学

说得有点远了,让我们回到本书的主题音韵学上。

从大家熟悉的《三国志》中魏的建国(220年)起,经南北朝时期,到隋王朝灭亡(618年),这四百年真的是一个激荡的时代,但也是构建了一部分汉语语言研究基础的时代。随着佛教的传入,给予汉语语言研究以深远影响的悉昙学(古代印度关于文字发音的研究)也被带到中国。而此时中国国内的骈体文(以四字句、六字句为主,并以对句来调整声韵语调)和韵文越来越发达,文学批判也十分兴盛。

在这种背景下,新生的标音法"反切"(参照第54页)得到推广,人们对此前不受关注的"四声"(参照第58页)的理解也加深了,于是"韵书"应势而生,奠定了继训诂学和文字学之后的新学问——音韵学的基础。到这里有问题的话,请讲。

II "反切"的故事——诞生在中国的标音法

韵书和反切

Q 从开篇到现在,韵书已经被屡次提及。韵书作为作诗的参考书而编撰,是以韵查字的字典吧?

A 没错。韵书的目的是为了明确诗歌押韵的范围,所以它把汉字按照韵分开排列。还有一点很重要,就是韵书里收录的汉字的发音(读音)都是以"反切"——构拟古音的有力助手——的形式记录的。与拉丁字母和日本的假名等表音文字不同,汉字的表音功能非常差。虽说汉字的80%—90%都属形声字,由表示意义范畴的"义符"和暗示发音的"声符"组成(如"河"的"氵"是义符、"可"是声符),其声符即表音因素,然而声符的表音功能十分弱。如何表示汉字的读音,对于只有汉字的古代中国人来说是一个大问题。

Q 于是他们就想出了"反切"这种方法吗?

A 嗯,是的。实际上,在魏晋时期中国人就创造了"反切法"。在魏晋之前,对于如何有效标音,中国人曾进行了反复的推敲。

在东汉时期,刚才介绍过的训诂学大为盛行。学者们为了表示所求汉字A的读音,用与它相似读音的汉字B来注音——这就是"读若法"。这种方法以"A读若B"的形式注音([例]饬读若敕)。或者,把所求汉字A的读音用同音汉字B来表示——这就是"直音法"。这种方法以"A音B"的形式来注音([例]功音公)。

直音法简单明了,但是会遇到没有同音字的情况,或者即使有同音字,但却因为是非常用汉字而导致其读音不被知晓。所以直音法作为一种标音法有很大的局限性。在这种背景下,"反切法"登上了历史舞台。

语音的基础单位——音节和音韵

Q 反切的发明真是一个大事件！那么，反切是一种怎样的标音法呢？

A 在说明反切之前，先让我们来整理一下语言的语音单位吧。语言是由一定的发音与一定的意义结合在一起才得以成立。语音构成其外形，意义则在内部支撑着它。塑造这种外形的语音是以一定的单位构成的。例如，现代日语的"鱼"（さかな，读作 sa ka na）是由サ（sa）、カ（ka）和ナ（na）三个音节组成的，"花"（はな，读作 ha na）是由ハ（ha）和ナ（na）两个音节组成的，"目"（め，读作 me）则由メ（me）一个音节组成。

不过，语音的大多数，是由更小的单位组成的。サ（sa）可以分成 s 和 a、カ（ka）可以分成 k 和 a、メ（me）可以分解成 m 和 e。因此サ（sa）、カ（ka）和メ（me）分别是由更小的单位组成的。了解这一点，是搞清楚刚才说的更小单位的音的性质所不可或缺的。但是，我想能够意识到这点的大概也只有专业人士了，一般人只会把サ（sa）、カ（ka）和メ（me）等当做一个整体来理解，根本不会想到还能够把它们再细分。

所以，日语中就把サ（sa）、カ（ka）和メ（me）等认定为基本语音单位。但是美国和欧洲的语言学却把 s、a、k 等最小单位当作基本的东西，并把它们命名为音素（phone）或者音位（phoneme）。

Q 也就是说，表音文字当中，既有像日本这样把片假名或平假名的音节当作单位的文字，也有像拉丁字母那样把 a、b 等一个个音当作单位的文字，对吧？

A 没错。类似片假名或平假名的文字被称为"音节文字"，如拉丁字母那样的文字则被称为"单音文字"或"音素文字"。但是，古代中国人既不同于我们也有异于欧美人，他们创造了独特的语音单位。

汉语的基本单位是单音节。举现代汉语的例子来说吧，"家"是 jiā，

"天"是 tiān。如果按欧洲的方式来，jiā 会被分为 j、i 和 ā，而 tiān 就是 t、i、ā 和 n，每个音都会被当成一个单位。但是古代中国人却不是。他们把 jiā 分为 j-和-iā，把 tiān 分为 t-和-iān 这两部分，然后把这两部分分别当作一个单位。后世的人把前面部分（上例中的 j-和 t-）命名为"声母"，把剩下的部分（上例中的-iā 和-iān）命名为"韵母"（参照第 167 页注 2）。[1] 即古代中国人把自己的语言的音节看作是由"声母"和"韵母"两个单位构成的。

"双声"和"叠韵"——把音节一分为二

Q　这样的推测背后有具体的例子吗？

A　嗯，当然有。大家熟悉的《诗经》里就可以见到。《诗经》收集了西周初年至春秋中叶（前 9—前 7 世纪[2]）的三百零五篇歌谣。在书中，就可以看到像"窈窕淑女，君子好逑"和"参差荇菜，左右流之"（均出自《诗·周南·关雎》）这些被后世称为"双声""叠韵"的修辞手法。先让我们看下"参差（形容长短高低不齐的样子）"这词吧。为了便于理解，我把这两个字用罗马字标记成"shin""shi"[3]。

可以看出"参"和"差"的声母（sh-）是一样的，但韵母（-in 和-i）是不一样的。像这样声母相同而韵母不同的组合词就称为"双声"。再来看"窈窕（形容女子端庄贤淑的样子）"，用罗马字标记就是 yô 和 chô 了。在这个例子里，韵母（-ô）是一样的，而声母（y-和 ch-）是不一样的。像这样韵母相同而声母不同的组合就被称为"叠韵"。这清楚地表明，正因为《诗经》的作者们已经认识到他们自己的语言的音节可以分成"声"和"韵"两部分，所以才创造了双声和叠韵这样的造词法。在比日本的绳文文明早许多，也比古埃及文明、印度河文明和爱琴海文明的诞生早得多的时期

---

[1] 译者注：在日本汉语音韵学界，普遍认为"韵"包含了"韵母"和"声调"，因此在分音节的时候，通常把声调归入韵母部分。
[2] 译者注：关于《诗经》所跨越的年代，在日本汉学界一直有不同意见，本书作者更倾向于此说法。
[3] 译者注：日语的汉字读法，下文的"窈窕"一词亦是。

里,中国人就已经懂得把音一分为二了。因此,中国人关于语言语音的认识,时间相当早且已经十分成熟。然后你会发现,双声、叠韵和等下要讲的反切标音法有很大的关系。

我们再说些有关双声和叠韵的题外话吧。我问大家一句,中国的代表性河流是哪条?没错,就是长江和黄河。实际上,这两对文字组合可非同寻常。"黄河"现代汉语(普通话)读作"huáng hé","黄"跟"河"的声母相同而韵母不同,是双声。相反,"长江"读作"cháng jiāng","长"和"江"的韵母(不考虑声调)一样而声母不一样,是叠韵。黄河和长江,不仅仅是固有名词。像这些诗:

  黄河远上白云间　一片孤城万仞山
  无边落木萧萧下　不尽长江滚滚来

既有意义上的"黄河"对"白云","落木"对"长江",也有语音上的双声对双声,叠韵对叠韵——可见作者也是花了很大的功夫。不愧是诗歌的国度,令人佩服。(注6)

除此以外,经常在诗歌里使用的双声还有玲珑(líng lóng)、仿佛(fǎng fú)、恍惚(huǎng hū)等,叠韵则有逍遥(xiāo yáo)、彷徨(páng huáng)、艰难(jiān nán)等。翻开字典看看吧,困苦、豪华、白发、文物(以上是双声)、平生、烂漫、名声、模糊、荒凉(以上是叠韵)等等,都是我们常用的词语。

"反切"的构造

Q　中国人很久很久以前就知道把自己的语言的音节分为两部分,即"声母"和"韵母",对此我感到十分惊讶。您刚才又说,基于这种音节二分法的双声、叠韵跟反切是有关系的……

A　是的,关系非常大。我们甚至可以认为,反切就是活用双声和叠韵的原理而发明的标音法。

让我们先按顺序来说明反切的构造吧。现在,我们用反切法来表示汉字 A 的音。一、首先，我们要准备两个汉字 B 和 C。不去管这两个汉字的意思，只让它们担任标音的功能。一般来说，选用的这两个汉字都是众所周知、简单易读的。二、接着，分别把汉字 B 和 C 的音节二分，也就是各自分为声母和韵母两部分。三、然后，只取汉字 B 的声母、汉字 C 的韵母。四、把汉字 B 的声母和汉字 C 的韵母合并在一起。五、合并后的音节，就是所求汉字 A 的读音了。

以上是反切所有步骤。由于反切法的发明，理论上我们认为是可以标记所有汉字的读音的。

Q　能不能举具体的例子说明一下？

A　我们以北宋时期编撰的韵书《广韵》（参照第 71 页）所列的第一个反切为例来说明吧。这个反切是"东 德红切"。在这里，相当于 A、B、C 的汉字分别是东、德、红。末尾的"切"表明"这个标记是反切"，与汉字发音没有任何关系。

作为一次尝试，为了让习惯了假名的日本人容易理解，我姑且用日本汉字音来说明。请看图 9：

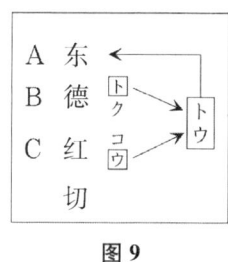

图 9

从"德"（to ku）——反切上字——中取"ト"（to），从"红"（ko u）——反切下字——中取"ウ"（u），二者合起来就是"トウ"（to u），也就是"东"——归字——的音了。这样解释，能明白反切的构造了吧？

Q　嗯，明白了。只是，能不能说明一下反切是如何运用了双声叠韵的原理？

A 刚才我用片假名标记的日本汉字音来解释了反切法。一直以来,时常听到"反切很难""反切难以理解"等声音。虽然我想这么说明可能会被专家们批评,但还是尝试一下。刚才说了,汉语的音节分为音节开头部分的"声母"和余下部分的"韵母"。双声与声母有关,叠韵与韵母有关。所以,要想用假名这样以音节为完结单位而不再细分的文字来说明反切与双声叠韵的关系,实在有点勉为其难。因此,姑且把"德"的ト(to)当作声母,ク(ku)当作韵母,"红"的コ(ko)当作声母,ウ(u)当作韵母,这样,理解反切的构造就能稍微容易一点了。

为了清楚显示与双声叠韵的关系,我把上一页的图 9 重新画成图 10。

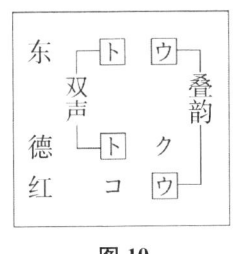

图 10

从这张图上姑且能够看出上字"德"和归字"东"是双声关系,下字"红"和"东"是叠韵关系了吧。但是为了那些追求严谨的人,我介绍一下以研究古代汉语语音而著称的高本汉(参照第 88 页)的拟音。请看图 11。

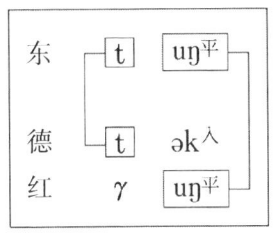

图 11

37

拟音的右上角小字为声调(参照第 20 页)。

谁发明了"反切"

Q　第一次知道反切,不过这种方法真厉害。到底是谁发明的呢?

A　这就不知道了。不过,据说最早阐述反切的人是颜之推(531—590?)。据他介绍,反切的发明和一个叫孙炎的人有关。颜之推为子孙后代写了一本共三十章的人生指南书《颜氏家训》(注 7)。这本书不仅写了很多为人处世之道,其自身的学术价值也非常高,是一本珍贵的书籍。我们在第十七章"书证篇"和第十八章"音辞篇"中可以见到与语言有关的记载。对于音韵十分关注的颜之推自然也很重视反切。他应该是调查了很多,于是我们看到他在"音辞篇"里记载了如下内容:

　　(以经学集大成者著称的郑玄门人)孙叔然创《尔雅音义》,是汉末人独知反语。至于魏世,此事大行。

颜之推之说广为流传。但是也有人认为,反切的发明者应该是比孙炎(字叔然,三国时人)早半个世纪左右的服虔,还有人认为,反切在汉代之前就已经有了。因此,反切的发明者到底是谁,并不十分清楚。反切的发明者尚且弄不明白,那么,关于反切这种方法是在什么时候以什么方式诞生,以及反切的起源,说法就更加五花八门了。

Q　关于反切的起源能不能说得更详细点?

A　有关反切的起源问题,一直以来争论不休。大概可以分为两派,一派主张反切源自于中国,是中国固有的方法,另一派则主张反切是受到印度悉昙学(参照第 47 页)的影响而产生的。不过,不论赞成哪一派的观点,我们可以这么认为,在很早以前中国就有了产生反切法的基础。请想一想到目前我们一直谈论的双声叠韵吧。反切就是应用了双声叠韵原理的标音法。在《诗经》时代就已经产生音节二分法——而这正是反切产生的基础。

III "四声"的故事——高低音调

沈约确立"四声论"

Q 在第一节听您讲了四声的故事。沈约著《四声谱》,确立了四声论(参照第 23 页)。

A 对,是这么说的。事实上,沈约的《四声谱》原著已经散佚,今日已无法见到。所以非常遗憾,直到现在我们都不能知道其确切内容。不过,不幸中的万幸是,可以让我们间接了解沈约倡导的四声论的资料保存了下来。这就是真言宗的开宗祖师空海(弘法大师,图 12)所著《文镜秘府论》中的"调四声谱"(注 8)。

图 12 空海画像(日本京都东寺所藏)

空海于 804 年起在唐朝长安学习,806 年回国,当时他应该学习了大量的音韵知识。有关"调四声谱",他写道:"诸家调四声谱,具例如左……"据推测这是归纳沈约和其他人著述的有关四声的"谱"的内容。

因此,虽然不能断定"调四声谱"是沈约所写的"谱",但至少它反映了与沈约同一思想体系的学说。

那么，根据调四声谱来推测沈约的四声论，应该是不会偏离其原貌的。

调四声谱的细节在此暂不详表，但是我们可以知道它是综合归纳了双声、叠韵和四声这三大要素的类似图表的东西。看到这个，我们可以认为沈约等人是把四声理解成一种系统性的东西的。韵书的诞生以能系统地理解四声为前提，因此，可以说在沈约等人的时期其实已经具备了编撰韵书的条件。

围绕反切和四声的话题在此先告一段落。反切知识普及，四声为人们所理解，编撰韵书的条件已经具备。余下的就只是等时机成熟了。到此如果有问题，请讲。

"四声论"形成的背景

Q 但是，不是也有人主张反切是在印度悉昙学的影响下诞生的吗？四声论的形成又是怎么一回事？沈约等人受到印度悉昙学的影响了吗？

A 嗯。二者的内容和所受影响的程度虽然不一样，但认为它们都受到悉昙学影响的人应该还是相当多。陈寅恪先生最早提出四声论的产生是受到印度影响的，但也是相当早的事情了。不过也有人批判他。他的观点主旨如下：

> 据天竺围陀（即 Veda，印度最古的宗教文献和文学作品的总称）之声明论（指音韵、语法、训诂之学），其所谓声 Svara 者，适与中国四声之所谓声者相类似。即指声之高低言，英语所谓 Pitch accent 者是也。围陀声明论依其声之高低，分别为三：一曰 Udātta，二曰 Svarita，三曰 Azudatta。佛教输入中国，其教徒转读（朗诵）经典时，此三声之分别当亦随之输入。……中国语之入声皆附有 k, p, t 等辅音之缀尾，可视为一特殊种类，而最易与其他之声分别。平上去则其声响高低相互距离之间虽有分别，但应分别之为若干数之声，

殊不易定。故中国文士依据及摹拟当日转读佛经之声,分别定为平上去之三声。合入声共计之,适成四声。[1]

  而此四声说之成立适值沈约之时,实为审音最盛期的缘故。又,当时的帝都建康(现在的南京)系善声沙门最众之地,其时为善声沙门最盛之时。又,此后建康审音文士曲意韵律,蔚然成风。周颙、沈约之徒受此启发,共同接受了佛教转读的影响,提出了四声论。[2]

以上是其要旨。另一方面,也有人认为围陀声调和四声论之间没有直接关系。我觉得还有继续探讨的余地。因为中国在四声论被倡导之前,早就已经有"五声(五音)"的提法了。

五声和四声

  Q 这故事让人听得有点欲罢不能。到底是怎么一回事?

  A 和刚才谈到反切的时候提到的孙炎同时代的人中,有一个叫李登的,他著有《声类》一书。此书现在已经亡佚了,据说是一本"根据五声而排列汉字"的书(唐·封演《封氏闻见记》)。五声指宫、商、角、徵、羽,原来是与古乐(秦汉六朝以前的音乐)相关的用词,它们代表着五个音阶。五声的熟语可以在先秦时代的《尚书》和《礼记》中见到,最早阐述五声为宫、商、角、徵、羽的文献是《周礼》(记述周的官制的书)。《周礼》中记载有"五气五声五色"("天官疾医"条),东汉郑玄注:"五声,言语宫商角徵羽也。"也就是说,原本是赋予音乐音阶的这五个名称,到了汉代被转用到语音上了。

  如果真是这样的话,虽说五声跟后世的四声范畴不同,但至少表明中国人在汉代中叶以前就已经认识到汉语中含有与音阶十分相似的音

---

[1] 译者注:原文引自陈寅恪先生的《四声三问》,括号中系作者加注。
[2] 译者注:此处系作者意译并摘录,原文可参考陈寅恪先生的《四声三问》。

高了。当然，音乐的音高和语音的音高是异质的东西，二者之间有相当大的不同。但是我们可以理解为，四声论形成的基础在古代中国早已具备。

这时，从印度传来了围陀的诵读法。反切那一小节里说过，与异文化接触并吸收的过程，其背后一定是有某种文化背景的。或许，如果真的参考了围陀的诵读法的话，那也是因为古代已有的五声在中国已经打下了一定的基础吧。但是我们不能认为五声与四声的对应关系就那么简单。据传，尽管在齐梁时代四声这个名称已经存在，但是沈约等人一边论及四声一边却还在使用五声（五音）。尽管周颙、沈约等人是为了规定五言诗的韵律才阐发四声论的，但他们跨越了重重困难，完成了四声论的体系化，这真是值得大书特书的伟绩。

IV 韵书的故事——以韵查字的字典

5—6世纪的齐梁时期，对于韵律的研究更深了一步，押韵和平仄的意识高涨。创作诗歌的规则也变得越来越严格。因此，可供依凭的参考书便成了一种需求。为了应对这种需求，人们编撰了"韵书"。"字书"据汉字的形、"义书"据汉字（词）的意思对汉字进行了分类，而"韵书"则是先把载录的所有汉字按"四声"分为几大类。

然后把同一个韵的字放在一起排列。这时，给每组汉字命名——这就是"韵目"。接着，给排列后的汉字用反切注上发音，或有时候用直音（参照第49页），通常还会注上字的意思。不过，现在还不清楚最初编撰出来的韵书其形式是怎样的。那么，有问题的话请讲。

《切韵》——标准韵书的形成

Q 我明白了韵书诞生的大概情况。为了迎接新事物的诞生，需要做非常多的准备啊。话说回来，中国最早的韵书是什么样子的呢？

第二节　古代中国的音韵学——围绕韵书和韵图

A　据传，三国时期魏李登的《声类》十卷和晋代吕静的《韵集》五卷是早期的韵书。只是这两本书今天已经亡佚，所以其具体内容就不得而知了。

《韵集》之后大概两百多年后的齐梁时期，我们在第一节也提到过的，因为韵律论特别盛行，甚至出现了沈约所倡导的"八病说"来作为作诗的规则，文人们变得越来越追求形式美了。

在这种文学风潮的影响下，到了南北朝时期（主要是南朝），紧接着沈约的《四声谱》，人们编撰了各式各样的韵书。《隋书·经籍志》（"经籍志"即图书目录）记载的韵书名字除《四声谱》以外还有十数种。就这样，人们编撰了一部又一部韵书，只是如今这些全都亡佚而不得知其内容了。

开皇九年（589），隋文帝一统天下。伴随着统一，文化的整合以及集大成也自然成为众望所归。就韵书而言，编撰一本能够明确押韵规范的标准韵书就提到议事日程上来了。这就是陆法言的《切韵》五卷。在之后的四百年间，这本韵书一直被视为韵书的典范。

Q　那么，《切韵》是怎么编撰的呢？有没有相关的线索可以知道它编撰的过程呢？

A　幸运的是，《切韵》编者陆法言（生卒年不详）在隋仁寿元年（601）写的序文流传下来了。在序文里，他记录了《切韵》编撰的理由和方针等。让我来介绍序文的主要内容吧。

序文以"开皇（581—600）初"起头。开皇初，仪同刘臻（527—598）等八人拜访了居于首都长安的陆法言，讨论了音韵和韵书的事情。

顺便插一句，拜访者刘臻的职务是仪同三司，这是相当于现在总理大臣级别的政府高官。也就是说来者都是地位相当显赫的人。还有，《颜氏家训》的作者颜之推、梁武帝的孙辈萧该等，都是非常优秀的学者和文人。夜深了酒宴也散了，大家说到音韵和韵书的事，于是展开了各种讨论。

Q　他们讨论的内容是什么呢？

A　他们谈论了很多，比如其中之一就是当时的各地方言。首先他们论及吴楚（中国南方，现在的江苏、江西、湖北）方言"清浅"，与此相对的，燕赵（中国北方，现在的河北、山西）方言则是"重浊"。吴楚对燕赵，清浅对重浊，这里以对句的方式谈论方言。

再接着是秦陇（现在的陕西一带）和梁益（现在的四川）。秦陇"去声为入"，而梁益"平声似去"。他们分别指出各个方言的难点。在这里，也形成了"秦陇"对"梁益"、"去声为入"对"平声似去"的对句。

然后，有的地方"支"和"脂"的发音相同，"鱼"和"虞"的发音一样，以及也有"先"和"仙"、"尤"和"侯"不加区别的地方（序文里没指明是哪个地方的方言）。

讨论的结果是编撰韵书。刚才也谈到了，在《切韵》之前，从南北朝开始就出现了各种各样的韵书。这些韵书编著的时期互有间隔，编者的出生地各不相同，内容之间当然也会有不一致的地方。关于这点，《切韵》的序文称为"江东取韵，与河北复殊"，也就是说，江东的取韵方法和河北的又不一样。江东就是长江的东边，也就是长江下游一带，而河北则是黄河几字形向北弯曲的北面，也就是指从黄河几字形北面一直到现在河北省的这一带。这里为了和方言相配合，同样以江东对河北。根据这几句，我们知道了之前韵书的音韵（韵的划分方法）也是不同的。

最后，终于到了决定编集韵书的方针的时刻了。序文说"因论南北是非，古今通塞"。他们讨论了南北方方言孰是孰非、之前的韵书中某一个韵是取北方还是南方为好等等关于韵的划分方法问题，于是得出了结论。序文里有这么几句："魏彦渊（当夜一起参加讨论的其中一人，官职是著作郎——从事朝廷历史书籍编修的官员）对我（陆法言）说：'刚才的讨论已经解决了所有的疑难点。不如记录下交谈的结果吧。因为我们把能定的都定好了。'[1]因此，我把结论写在笔记上了。"

以上就是那一夜讨论的内容和编集方针等的大概情况。

历代对《切韵》的不断增订

Q　听您讲《切韵》的故事，让我很想看看《切韵》的实物。

A　非常遗憾的是，陆法言编的《切韵》原本早已亡佚，现在已经不存了。如今只能见到在敦煌发现的极少的几个残片。不过，《切韵》的改订增补版韵书还保留着。它的最终增订本是宋代的《广韵》五卷（1008年）。根据《广韵》我们可以一窥原书的样貌。

那么，让我们快速来追溯一下从601年的《切韵》到1008年的《广韵》之间改订增补的过程吧！

南北朝韵书的集大成者《切韵》，内容相当完备，被认为是实用价值很高的韵书。因此，无论是隋代还是唐代，《切韵》都十分受到人们的重视。但是，因为《切韵》原本只是为了让人们知道汉字的字音（汉字的读音）和韵而编的，所以它收录的字数并不太多，意义注释也不详细。到了唐代，人们增加了字数，补上了对意义的解释，出现了《切韵》的增订版。以下是主要的增订版，按发行顺序排列：

王仁昫（也写作"煦"）《刊谬补缺切韵》（606年）

长孙讷言《切韵笺注》（677年）

孙愐《唐韵》（751年）

李舟《切韵》（770—780间）

在这些书当中需要注意的是《刊谬补缺切韵》，它"更正错误（刊谬），补上缺少的文字和字义（补缺）"（图13）。这本韵书在很长一段时间里也是不为人所知的，直到20世纪，人们发现了三种唐写本。其中的第三种

---

[1] 译者注：原文为"向来论难，疑处悉尽，何不随口记之。我辈数人，定则定矣"。

原来藏于清宫之中,据传在溥仪当上满洲国皇帝之后被他带出宫,后来在太平洋战争结束后的第二年即 1947 年被重新发现,被故宫博物院购买并收藏。这本韵书的价值特别高。为什么呢？因为它是一本毫无残缺的书。刚才介绍说,虽然唐代编了好几本韵书,可是不管序文还是内容,完全保存下来的只有王仁昫这本书的手抄本。

图 13 《刊谬补缺切韵》

Q 紧接着王仁昫的版本而编的就是《唐韵》了。为什么在这里《切韵》之名消失了呢？难道和陆法言的《切韵》系统不一样？

A 它们是同一个系统的韵书。可是为何不冠以"切韵"的名号,我们就不得而知了。肯定是因为某种原因才把它改名为《唐韵》的。改名的时间是在天宝十载(751)。

顺便说点题外话,你看,众所周知,唐玄宗的年号"天宝"纪年用的是"载"而不是"年"。据传,中国古代传说中的尧舜时代,应该使用"年"的地方都使用"载","年"是在周朝开始使用的。唐玄宗把尧舜时代的政治作为自己的理想,于是改用"载",以示向尧舜仁政看齐。

《唐韵》有一个特点。我们看陆法言的《切韵》残卷时会注意到,它的汉字字义注释十分简略,甚至不少字完全没有注释。然而,到了唐代,伴随着《切韵》增订的进行,韵书也沾上了字书的性格。增订者们引用《尔雅》《方言》《说文解字》《玉篇》等众多古典文献,特别是对于官制、姓氏、地名等专有名词的注释越来越详尽,使之转变成为兼有字书作用的韵书了。可以说,唐代完成的一大改革就是,使韵书超越韵书的藩篱,变身为具有字书性质的韵书。起到这一大重大作用的是孙愐的《唐韵》。这一倾向,被后来的《广韵》原封不动地继承了。

《广韵》——《切韵》的最终增订版

Q　那么,请您说说有关《切韵》最终增订版《广韵》的故事吧!

A　陆法言的《切韵》过了约四百年,《广韵》(正确的叫法是《大宋重修广韵》,一般称为《广韵》)作为敕定的韵书问世了。顺便解释下,"广"是 enlarged,"增订"的意思,表明《广韵》就是《切韵》的 enlarged edition,即"增订版"。

这本韵书到刊行为止,经历了以下的过程。宋太宗雍熙年间(984—987),进行了《广韵》的编修。然后在宋真宗景德四年(1007)和大中祥符元年(1008)两度修订,后宋朝天子赐名为《大宋重修广韵》。不久之后,《广韵》的刊本流传开来,《切韵》及唐代编修的各《切韵》增订版,除了《刊谬补缺切韵》以外,全部亡佚了。只有《广韵》作为一个完整的本子流传至今,因为它忠实地保留了《切韵》的体系,所以作为《切韵》的替代品被人们所研究、利用(参照图 14)。

Q　《广韵》是《切韵》最后的增订版,那后来有没有编新韵书呢?

A　韵书的历史还在继续。后来有了《广韵》的简略版。刚才说了,唐代编修的《切韵》系韵书,其索引和注释都越来越多。据《广韵》序文介绍,其注释达到十九万一千六百九十字之多。韵书自《唐韵》开始兼有字书性质,到了《广韵》,这一倾向进一步加强,真可以称得上是"同音字典"了。例如,上平声·东韵的"公"字下面的注释——而且竟是介绍古代姓氏的——就达到了八百字以上!这样的注释是不实用的。韵书使用者需要韵书作为作诗的参考书,而韵书并没有理由兼有字书性质。

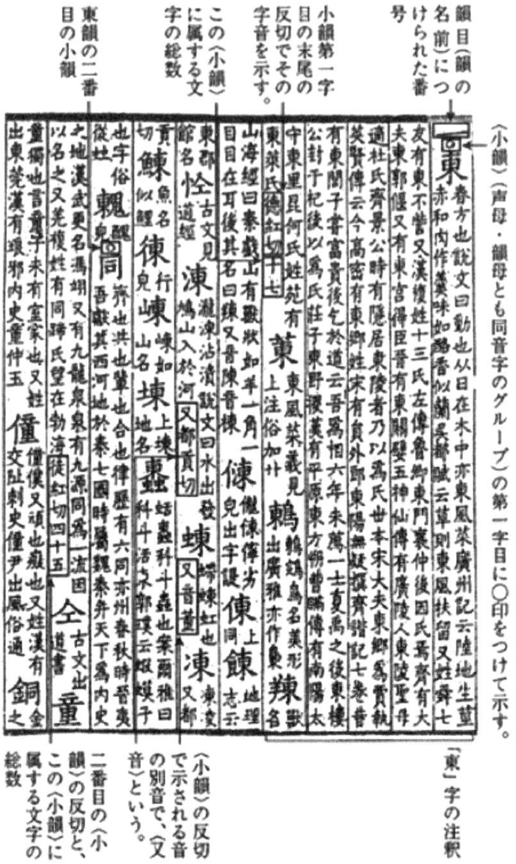

图 14 《广韵》卷一"上平声・一东韵"的开头部分[1]

---

[1] 译者注：

图中日文汉译从左往右为：

（图的上方）

东韵的第二个小韵。

数字指属于这个"小韵"的汉字总数。

小韵第一个字末尾的反切注明了字音。

韵目（韵的名字）的编号。

（图的右侧）

这是"小韵"（声韵母都一样的同音字组）的第一个字，用符号○标识。

（图的下方）

第二个"小韵"的反切和属于这个"小韵"的汉字总数。

与"小韵"反切所示不一样的读音，也称为"又音"。

"东"字的注释。

于是，有人把《广韵》简化了。这就是《广韵》的简略本，也就是被称为"韵略"的书。这里的简略化是指，削减文字注释与大幅度合并韵目。《广韵》的二百零六韵被合并为一百零七韵——也即所谓的"平水韵"——最后成了现在作诗时也参考的一百零六韵（王文郁《礼部韵略》）。顽固维护《切韵》体系的《广韵》也随着时代的变化改变着自己的姿态。

V 韵图——现代性的音节表

陆法言的《切韵》在统一南北朝的隋仁寿元年（601）编撰，后续四百年间一直作为押韵和字音（汉字读法）的样本存在着。从文化史角度看，这也是值得注意的事件。但是，完成了历代以来韵书集大成事业的隋朝却在其后不到二十年的时间内土崩瓦解，唐王朝作为全新的王朝登上历史舞台。其时为618年。

随着新王朝唐朝的建立，音韵领域也刮起了一股新风。"韵图"——也叫作"等韵图"——这种图表的刊行，催生了以其为研究材料的"等韵学"。

与用反切去标注一个个汉字字音的方法相比，韵图则用汉字代表音节（参照第167页注2），使人们能够看到汉语的全部音节，实在可以说是现代性的音节表（syllabary）。韵图的作者首先把汉语音节分为声母和韵母两部分。中国人很久以前就知道音节的二分法（参照第51页），所以这并不是什么新鲜事。

但是这里有一个以往没有的新尝试，就是利用坐标轴原理展示声韵配合的所有形式。韵图作者把声母排列在纵轴上，韵母排列在横轴上。韵图作者注意到这样安排的好处：如此一来，只需根据纵、横轴的交叉，马上就能知道交叉点上汉字的读音了。唐人向世人展示了划时代意义的图表。那么，有疑问的话请讲。

印度悉昙学的影响

Q 在谈到反切和四声的时候,据传它们受到过印度悉昙学的影响,那韵图也是如此吗?

A 关于反切和四声是否受到过悉昙学的影响,既有支持者又有反对者,莫衷一是。不过,韵图恐怕真是受到印度的音节表影响,关于这点,我想是没有什么异议的。悉昙学是关于梵语(古代印度的书面语)书写字母悉昙文字的研究。古代印度人通过组合悉昙字母的体文(辅音)和摩多(元音),制作出音节表(悉昙章)。据推测,唐人注意到随佛教东传中国的悉昙字母音节表,于是利用这个构造发明了系统性表示汉语字音(音节)的韵图。

南宋郑樵(1102—1160)在所著的韵图《七音略》序文中写道:"(这种图表)起自西域,流入诸夏,梵僧欲以其教传之天下,故为此书。"韵图是受到印度悉昙学启发而产生的,这一点应该是不容置疑的。

理解韵图的准备工作

Q 虽然韵图是在悉昙学的影响下形成的,但中国方面是否具备了接受韵图的环境呢?比如,反切广泛使用、四声被人们所理解之类的。

A 你的思维很敏锐。没错。你们的耳朵都快听出老茧来了吧,我多次说过,中国人很早就认识到自己的语言可以分为声母和韵母两部分。利用这一性质,《诗经》的作者们创造出了双声叠韵词。沈约系统地掌握了"四声",编制了《四声谱》。《四声谱》是综合了双声、叠韵和四声三大要素的一种图表。这种图表被认为拥有与印度的音节表(《悉昙章》)十分相似的形式,但离韵图还差得很远。

从沈约的《四声谱》到韵图的形成,还需近三百年的岁月。在这期间中国人很快就具备了创造出韵图的条件:一、他们构建了"五音"的框架;

二、想出了声母代表字"字母";三、确立了区分介音和主元音的"等"的概念。

Q 这三个条件构成了韵图的骨骼框架,是吧?感觉比较难理解这些名词,您能不能从"五音"的框架结构开始说明呢?

A 我再重复下,韵图的纵向 X 轴是排列声母的。声母根据发音部位(发出声音的时候,舌头和上颚等的位置)可以先分为五大类。这就是"五音"的框架。像这样的思想中国原本是没有的。

南朝宋有个叫谢灵运(385—432)的诗人(图 15)。他是河南人,可称得上是南北朝文学界的第一人。他对佛教无比热衷,著有《金刚般若经注》,又完成了《大涅槃经》五十六卷的翻译。并且,他对悉昙字母也抱有兴趣,他把按发音部位划分为五类的悉昙字母与汉语语音相对照,分别给这五种发音起了汉语名。例如,他把悉昙字母的 k、kh、g、gh 和 ng 叫作"舌根音",把 c、ch、j、jh 和 ñ 叫作"舌中音,亦云牙齿边音"。据推测,8 世纪末智广的著作《悉昙字记》(注 9)里,这些名称变成了:牙音、齿音、舌音、喉音、唇音。

图 15 谢灵运

谢灵运研究悉昙字母,把按发音部位划分声母为五大类的方法引进中国,这一功绩是非常巨大的。据现存的资料来看,我认为中国的悉昙学可以说是自谢灵运开始的。

　　到了后文将提及的《韵镜》这样的韵图产生的时代,"五音"再被添上"半舌"和"半齿"两个音,就成了"七音"。我们可以认为,"五音"框架的设定是处于在此过程中产生新的分类的出发点。

　　Q　这样就具备了韵图产生的第一个条件了。那么请您讲讲第二个条件,"字母"的产生吧。

　　A　"字母"就是指声母的代表字。例如,用来表示字母 p 的汉字不仅仅只有一个。翻开《广韵》你就会发现,书里使用了"补、布、北、边、巴"等约二十个汉字。t 则用"都、德、多、当、冬、丁、得"等七个汉字表示。这样一来,为了便利地表示 p、t 等读音,何不统一使用一个"称呼"呢？于是,人们想出"字母"来。表示 p 音的"补布北……"统一叫"'帮'母",表示 t 音的"都德多……"统一叫"'端'母"。

　　字母观念虽说是入唐之后才有的,然而在此之前人们早就做了一个尝试,就是应用"双声"(参照第 52 页)的知识把韵书里使用的大多数反切上字归纳出三十个字,然后把每个字以两个双声字(即指声母相同的两个字)表示出来。举例来说,p 音用"宾""边"二字,k 音则以"坚""经"二字,m 音则取"民""眠"二字,等等。以上这些例子来自《切字要法》(作者与制作者皆不详)的表格。中国人对自己语言的声母进行整理并归纳出三十类,这本《切字要法》是目前所发现的资料中最古老的。

　　《切字要法》把声母以双声字的形式划分为三十类,然而入唐以后,人们从每个类里抽出一个字作为那个类的名称,这些名称就是"字母"。敦煌发现的唐人《归三十字母例》(敦煌出土文献·s512,图 16)和唐末守温和尚(生卒年不详)的《韵学残卷》(敦煌出土文献·p2012)中收录的

"三十字母"是今日所能见到的最早的字母了,这些也是非常重要的资料。此后人们改良了这些字母,又添加了六个声母成为"三十六字母",这三十六字母不久后就被放进《韵镜》里了。

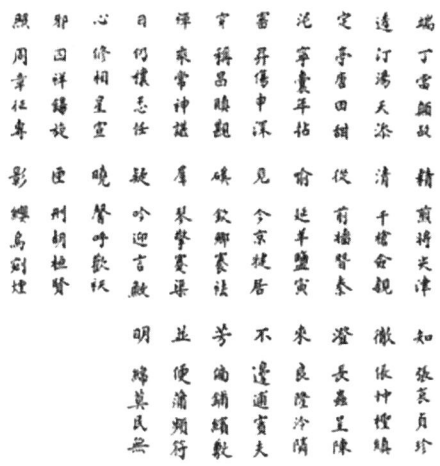

图16 《归三十字母例》

Q 这样就有了韵图诞生的第二个条件了。那么,请介绍第三个条件"等"。第一个条件为"五音"框架,第二个为"字母",二者都是与声母,也就是与纵轴X轴相关的东西。可是,您提到,"等"的概念是跟韵母有关的……

A 没错,"等"的概念与横轴Y轴相关。它完全是新分类标准的概念,是自唐代开始的事物。唐人(具体姓名不详)根据以下标准分析韵母:一、韵母是否含有介音-i-(参照第169页注11);二、韵母主元音的开合度,即根据主元音为[ɑ]、[a](以上二者为窄元音)、[i]、[u](以上二者为宽元音,注10)把韵(《广韵》的二百零六韵)分成四等,也就是总体上分成一等、二等、三等和四等(注11)。刚才谈到的守温《韵学残卷》里记载有"四等重轻例"(图17)。这是最早按"等"把韵分为四类的资料。

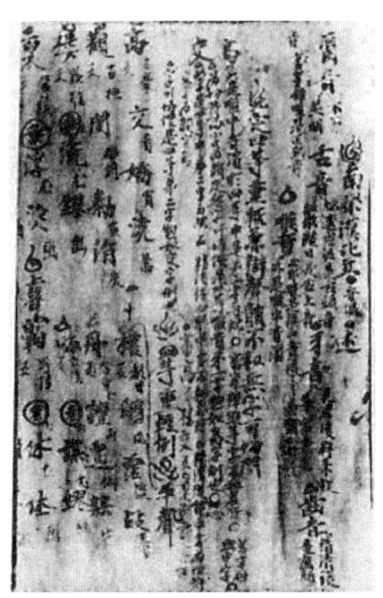

图 17 "四等重轻例"

让我们看下"四等重轻例"吧。首先,韵按平上去入分为四类,接着分别按"等"把韵分一等、二等、三等和四等。总共列举有二十六个例子(平声八个、上声四个、去声四个、入声十个),让我们看平声的一个例子吧。但是,"四等重轻例"里并没有关于"等"的记载,只是因为"四等重轻例"的划分方法和《韵镜》一致,所以在此我加上"等"以备参考。

	一等	二等	三等	四等
（平声）	高古豪反	交肴	娇宵	浇萧

如上所示,例字下有两种注释。一种是一等字"高"的后面所注的反切,另一种是二、三、四等字的后面所注的韵目("肴""宵"等韵的名称)。作为参考,这里转载高本汉的拟音(参照第 88 页),分别是:"高"-ɑu(豪韵)、"交"-au(肴韵)、"娇"-ĭɛu(宵韵)和"浇"-ieu(萧韵)。

制作韵图的开端

Q 这样就万事俱备了。那么是什么时候把这三个条件综合起来制作韵图的呢？

A "三十六字母"划分声母，"五音"区分发音部位，"等"分类韵，把这三个条件综合起来，就迎来了新韵图的诞生。韵图的出现清楚地表明，那个时代对于汉字字音的分析已达到了相当精密的程度。

今天我们能见到的最早的韵图是《韵镜》，但是，毫无疑问，在《韵镜》之前很早就已经有了《韵镜》的原型韵图。因为如此精密的韵图并非一朝一夕能够产生的。这点我们后面还会谈到。

那么，《韵镜》的原型韵图是什么时候被制作出来的呢？根据小川环树的考证，有7世纪说、8世纪说和9世纪说三种。他认为7世纪说缺乏充分的证据，因此不可信。他也反对9世纪说，理由大概如下：

> 据宋代郑樵的《通志·校雠略》记载，可推测为韵图一类图表的《内外转归字图》《内外传钤指归图》《切韵枢》等都毫无保留地收录在颜真卿（708—785）的《韵海镜源》（774年成书）里。照此看来，最迟到颜真卿著书的774年，等韵学就已经相当发达了，这点应是不容置疑的。

以上是小川环树新提出的8世纪说的论据（注12）。这样看来，8世纪说更令人信服。

《韵镜》的产生

Q 现存最早的韵图是《韵镜》，对吗？

A 是的。虽然我们可以推测在此之前肯定已经存在过与其相同形式的东西，但现已都不传了。这就是为何说《韵镜》是现存最早的韵图的原因了。不过，话虽如此，我们也并不确切知道《韵镜》的作者与制作年代。有人说是唐末，有人说是宋初。如此种种，还有进一步研究的余地。

南宋初年，有个青年有志于投身音韵学研究，他叫张麟之（生卒年、生平事迹等皆不详）。无师可拜、一身苦恼的他有一天从朋友处得到一本名为《韵镜》的书。张青年见到书中的图表后深深折服——这事发生在他二十岁的时候。此后的五十年间,他潜心研究《韵镜》,千方百计想搞清楚书的作者是谁,却无果而终。曾经有个时期,他怀疑是精于音韵的僧人神珙(生卒年不详)所著,但最终还是不肯定。他为书写序,又分别在1161年、1197年和1203年三度刊行。这就是流传至今的《韵镜》(图18)。

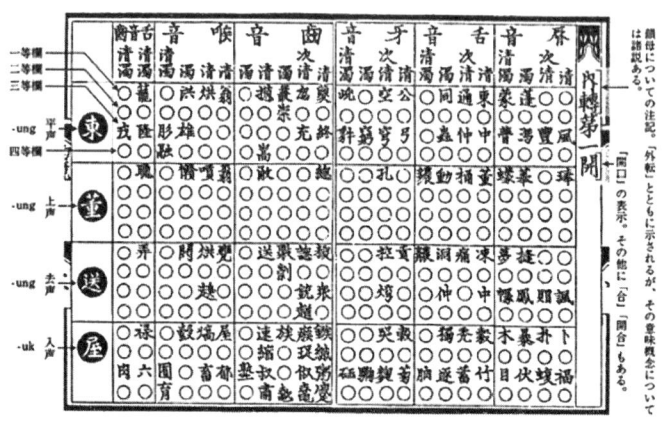

图18 《韵镜》图表的第一页[1]

《韵镜》的内容和构成

Q 那么,请说明下《韵镜》的内容和构成吧。

A 《韵镜》分为三部分,第一部分为《韵镜》刊行者张麟之的序文(第一次和第三次刊行的版本有序文),第二部分为解说《韵镜》的《序例》,第三部分是主体部分,由四十三张图表构成。

《韵镜》大体上继承了陆法言的《切韵》(601年)——实际上是《广韵》

---

[1]译者注:
图中日文汉译如下:
(图的右侧)
这是关于韵母的注释。内转和外转的含义概念有多种说法。
表示"开口"。还有的写"合""开合"。
(图的左侧)
一等栏,二等栏,三等栏,-ung平声,四等栏,-ung上声、-ung去声、-uk入声。

(1008年)——的音韵体系。它成功地把《广韵》的二百零六韵排列收录在四十三张图表里。如此则能根据图表所示的横纵轴交汇点得知图上每一个汉字的读音。

接下来，我们来分别介绍图表的横纵轴吧。首先是纵轴，纵轴上放置着声母。声母根据发音部分分为唇音、舌音、牙音、齿音、喉音、半舌音和半齿音，共七音。这七音又根据除阻前声带带音与否分为"清"和"浊"（注13）。根据七音与清浊的组合能够看出三十六个字母，也就是其代表字"三十六字母"。可是各位看书影便知道，《韵镜》并没有在图上直接标示出这些字母的名称，只是在《序例》里列出三十六字母罢了。举例说，图表上的"清唇音"相当于"帮"母，浊舌音相当于"定"母。因此，颇为麻烦的是，想知道一字所属的字母时，不得不自己去推敲。

接着是横轴，横轴上放置着韵。二百零六韵先按声调分为平上去入四声，再在每个声调内划分一、二、三、四等（《韵镜》里实际上并无"等"，这是等韵学上的称呼）。所有的韵都根据其音韵特征（主元音的高低等特征，参照第169页注11）分属到各自的等里。

韵也有"开口"和"合口"之别。简单粗略地讲，介音（参照第167页注2）是-u-的为合口，否则为开口，每张韵图的开头都标有开合。

如刚才所述，《韵镜》四十三张图表囊括了《广韵》所有小韵（参照第135页）的代表字，共约三千八百九十个字。这些字被放在相应的位置上，也就是横轴与纵轴交叉的位置上，因此，可以根据字所处的位置马上得知字的读音。

比如说，通过前面的书影可知，《广韵》反切"德红切"所标记的"东"字读音，位于第一张图表的清舌音（相当于三十六字母的"端"母）与平声"东"韵一等栏相交汇的位置上。反切用"德红切"标记"东"字的读音，而在《韵镜》的体系里，东字的读音则是"端母·东韵开口·一等"——相当于说这就是"东"字在《韵镜》里的位置。因为我们可以推测出端母为 t-，东韵开口一等为-uŋ平，所以我们可以归纳出"东"字读音为 tuŋ平。

说到这里，韵图的故事就讲完了。

第三节　逼近古音的真相——清朝的古音研究

Ⅰ　迈向古音构拟

高本汉的不朽业绩

到目前为止，我们已经围绕韵书（反切与四声）和韵图介绍了研究中国古代音韵的基本文献资料。接下来，我打算利用这些资料探索汉语古代音韵面貌，以及其迁移变化。

说是古音构拟，然而事情并不是那么简单，因为通往古音构拟的道路被铜墙铁壁阻挡着。汉字不同于拼音文字，它的表音性很差，因此难度更上一层。这是因为关键的音韵信息都隐藏在汉字的面纱后面。中国古代的语音在几千年的漫长过程中，偷偷地隐藏住自己，而不轻易向世人展示它的面貌。但是，终于迎来了剥开汉字面纱的一天。首先揭开汉字面纱的是一个叫高本汉（Bernhard Karlgren，1889—1978，图19）的学者。高本汉试图揭示汉语的音韵历史。

他在瑞典的马普萨拉大学学习近代欧洲的语言学，接受了语音学的训练。刚开始他志于诺尔斯语的研究，后来在哥哥安东（后来的斯拉夫语教

图 19　高本汉

授)的建议下,他转向汉语研究。起先他对方言很感兴趣,记录了他家别墅所在地斯莫兰的方言语音,在二十岁不到的时候就发表了自己的成果。

1910年,高本汉得到一笔奖学金来到中国,调查了二十四个地方的方言。1911年,辛亥革命爆发,清朝灭亡,就是在这样的时代里,高本汉穿成中国人的样子,仅带着随从和马匹,巡游中国北方各地去调查方言。据说,他是世界上第一个调查现实生活中使用的方言的人。这一年,高本汉刚满二十岁。

1912年,高本汉回到欧洲,1915年起,他开始撰写被誉为不朽名著的《中国音韵学研究》(完成于1926年,原文为法文,参照第126页)。这本书以中国现代各地方言语音,加上日本、朝鲜、越南的汉语借音,以及中国的音韵资料(韵书和韵图)为材料,使用欧洲先进的比较语法(参照第14页)研究汉语语音,完成了《切韵》所反映的音韵体系的构拟。它是划时代的著作,是中国现代音韵学的开山之作、奠基之作。

高本汉把《切韵》的音韵体系称为 Ancient Chinese,在中国和日本,这个名称都被翻译成"中古音"。一般地,汉语音韵史研究以中古音为基础，上可追溯到周秦时代的"上古音"（这也是高本汉命名的 Archaic Chinese 的译词），下可考察"近古音""近世音"和"现代音"以及它们的变迁。到目前为止，我一直使用"汉语古音"这一颇暧昧的称呼，但自此以后我会根据需要区别使用"中古音"和"上古音"。

明清的上古音研究

刚才说到，近代的汉语音韵史研究是自高本汉开始的，而实际上，在高本汉之前中国早就开始了对高本汉所称的上古音的研究。上古音的真正研究自明代的顾炎武（参照第 96 页）开始，到了清朝，上古音研究作为考据学的一个分支取得了很大的进展。讲到这里，有问题的话请讲。

Q 您说过在中古音研究中起着重要作用的韵书和韵图是隋唐到宋初的著述。但在那之前并没有像韵书和韵图那样可靠的资料可供研究，那么，不是束手无策了吗？

A 确实如你说的，研究上古音在资料方面有很大的制约。不过幸运的是，天无绝人之路。可资利用的资料之一为《诗经》和《楚辞》（战国时期楚国人的诗歌总集，以屈原[前 343？—前 277？]为代表诗人）的韵文。

清朝的考据学者们以这些韵文为材料开展上古音的研究，取得了应有的成果。就连高本汉也吸收了他们的研究成果，去构建他的上古音体系。

上古音研究的背景

Q 原来在高本汉开启近代音韵研究之前，在清朝曾经有过与欧洲语言学毫无瓜葛的独立研究啊！说到清朝大概能联想到的就是乾隆皇帝、鸦片战争、末代皇帝这类的吧，所以对他们能够独立进行上古音研究感到十分惊讶。清朝的"古音学"是怎样的呢？

A 以下我要说的可能有些枯燥无聊，就简单介绍个大概吧。在中国进行的语言研究，用不着再说，原本只是关于汉字的研究，可是到了清朝却出现了令人刮目相看的成果。至1911年清朝灭亡为止的二百六十多年间,优秀的学者竞相登场,他们在训诂学、文字学等各个领域都取得了令人瞩目的成果。支撑这些成果的原因,我想有两个。

第一个是内部原因,因为存在像顾炎武和戴震那样优秀的前辈学者,他们开创了"古音学"这门新学问。

清朝的语言研究是以考据学为中心的。考据学重视经书(儒家经典)中的语言表达,向文献寻找证据,以实证主义的精神去解释经书中一字一句的意思。构建了清朝语言学基础的顾炎武(图20)以"实事求是(基于事实追求真理)"为座右铭,他说:

> 欲读九经(《易经》《书经》《诗经》等九部儒学经典)先须专研文字,欲知文字先须知晓音韵。欲读诸子百家(春秋战国时代的众多流派,如道家、墨家、法家、名家等)之书亦同。(《答李子德书》,有增改)[1]

图20 顾炎武

---

[1] 译者注:原文为"故愚以为读九经自考文始,考文自知音始,以至诸子百家之书,亦莫不然"。

93　　另外,考据学的领军人物,出过文字、音韵学著作的钱大昕(参照第108页)关于古音研究的重要性,意见大概如下:

> 后人(清朝以前的文字学和训诂学学者们)不达古音,往往舍声而求义,穿凿附会,即二徐(即徐铉和徐锴,宋代的文字学学者,以整理《说文解字》文本出名)尚不能免,至介甫(唐宋八大家之一的王安石)益甚矣。(《潜研堂文集》卷二十四,有增改)

如前所述,中国传统的语言研究是以汉字的形音义为对象的,这三个领域之间互相影响、共同发展。但是到了清代,语言研究获得了新生,而且取得了丰硕的果实,这就是清代的"古音学"。不仅如此,古音学领域取得的成果被应用到文字学和训诂学等领域,成为解决众多难题的有力助推器。可以说,古音研究给清朝语言学的所有领域都带来了巨大的进步。

94　　Q　那,另一个促进清朝语言研究的原因是什么呢?

A　这个原因可以称之为外部因素吧。满族建立的清朝不同于蒙古族支配的元朝,虽然清朝强制推行蓄留发辫等满族习惯,但是尊重汉族的传统文化,致力于保护和培育汉族传统文化。因此清朝文化在以宫廷为中心的首都北京和经济发展最快的长江(扬子江)下游得到了显著发展。

众所周知,清朝历代皇帝中,有康熙帝和乾隆帝那样的帝王,他们以雄厚的财力为支撑,主持了许多文化事业。举书籍为例的话,有康熙帝时编修的《康熙字典》、《佩文韵府》(一部根据韵排列熟语的百科全书)、《五体清文鉴》(一部分门别类对照满语、藏语、蒙语、维语和汉语的辞书)和《古今图书集成》(一部分类百科全书),有乾隆帝时期的《十三经注疏》(十三种经典的注释书籍)和动员三百余名学者收集的古今图书集大成之《四库全书》。

再者，当时以利玛窦、汤若望为首的耶稣会传教士们把欧洲的科学——数学、天文学、历学、物理学、地理学和医学等——引进介绍到中国，这些学科的实证主义方法也给中国的学者们带来了影响。

政府积极的文化政策、图书资料的完备、经济的发展、学术的交流、欧洲实证主义研究方法的影响、长期和平稳定的环境等外部有利条件，成为支撑清朝时期语言研究取得大发展的外部原因。清朝的语言研究以探究古代汉语的实际面貌为基本方针，所以在音韵学领域里，古音研究也自然而然成为主流了。顺便插一句，在文字学领域，对东汉《说文解字》的研究是主流(注14)。

Ⅱ 古音研究的黎明

古音研究的觉醒

Q 中国人对于古音研究的自觉和反省是从什么时候萌生的呢？

A 刚才说到，汉语音韵史研究以中古音为基础，上可追溯到周秦时期的上古音，下可探究近古和近世音。那是因为反映中古音的《切韵》——实际上由《广韵》替代——是现存最早的韵书，也是可信度高的资料。

明代的陈第(1541—1617)是指出中古音与上古音的差别在于二者音韵体系不同的第一人。以中古音读《诗经》等先秦韵文，经常会出现不押韵的情况。唐代的学者们没能意识到这是因为上古音与中古音的音韵体系不同而导致的。但是陈第说：

> 盖时有古今，地有南北，字有更革，音有转移，亦势所必至。故以今之音读古之作，不免乖剌而不入。(《毛诗古音考》)
>
> (文字)由大小篆而八分，由八分而隶，凡几变矣。(《读诗拙言》，有改动)

他暗示了《诗经》等古书的押韵是随着时代的变化而变化的。这样的观点被顾炎武所继承,奠定了清朝古音学的基础。

Q　顾炎武接受陈第的主张后做了什么样的研究?

A　顾炎武在陈第取得的成就的基础上,对上古文学作品中所能见到的押韵进行了整理(以顾炎武为代表的古韵分部参照第120至121页的"附表")。他把古音的韵分为十部。也就是说,他证明了上古韵文的押韵是有别于中古音韵的。这就是顾炎武的古韵"十部说"。

顾氏的思想保存在他关于音韵学的五种论文集《音学五书》中,在"后序"(1680年,"前序"作于1666年)里他阐述了自己的观点:

> 余纂辑此书三十余年,所过山川亭鄣无日不以自随,凡五易稿,而手书者三矣……日西方莫,遂以付之梓。

这段话是在他去世前两年写的。顾炎武在《五书》之一的《唐韵正》中引用了《诗经》《周易》等众多例证,并加上注释,由此归纳出古韵十部。

围绕古音研究

Q　能够指出语音随时代而变,真是十分了不起。像这样的主张在那之前没有吧?

A　关于古音的思考和议论,其实自六朝末陆德明(约530—620)《经典释文》(583年左右)的"协韵说"就开始了。《经典释文》是一本校定主要古典文章、解释书中用语"音义"的书。《经典释文》在《诗经》押韵字"音"(《广韵》"侵"韵字)、"南"("覃"韵字)、"心"("侵"韵字)中的"南"字下加注释说:

> 如字("覃"韵,高本汉拟音为-âm)。(梁)沈(沈重)云:协句,宜及林反("侵"韵-iəm)。

也就是说,这首诗创作后约一千年间发生了音韵变化,结果古音里同属一个韵的"音、南、心"等字到了《经典释文》编撰的六朝时期,只有

"南"字发生了音变,但六朝的人们并不能理解这是因为发生了音变。因此出现了诸如此类的议论。陆德明接着说:

> 今谓古人韵缓("覃"韵-âm和"侵"韵-iəm差别不大,因此当作同一个韵),不烦改字。

沈重认为"南"应该变读(着重号为我所加)为"及林反",如此和"音""心"协韵。类似这种,说为了押韵应该根据上下文而变读字音,就是所谓的"协韵说"。

对于协韵说,元代的戴侗(生卒年不详)在《六书故》(1320年)里说:"上古韵文协韵的地方实际上并不是协韵,而是古时候的正音。"他否定了协韵说,但直到陈第强烈批判协韵说之后,协韵说才被陈第之后的学者所抛弃。

Ⅲ 古音研究的开花

研究者陆续登场

Q 我已经明白清朝的古音研究为何那么兴盛了。原来这与清朝兴起的考据学有莫大的关系啊。那么,清朝时候是如何开展古音研究的呢?

A 到了清代,继续顾炎武的研究的学者陆续出现,使得古音研究更加精细了。那就让我一一介绍推动研究的学者们吧,这样你们就会了解清代古音研究的概貌了。他们是高本汉开始的中国现代音韵学研究的先驱。虽然他们的研究从今天看来尚有不充分的地方,但决不可小看。因为近代之所以能取得那么大的成果,离不开这些先辈学者的业绩。

那么,就让我按时间顺序简要介绍其人其事吧(注15)。

○ 江永(1681—1762,图21),徽州府婺源(现江西省婺源县)人,跟南宋的思想家朱子(朱熹把四书放在经书中心位置,创立了朱子学)是同乡。江永精通经学、天文、乐律、音韵等学问,门下培养了以戴震为代表的多位考据学学者。在音韵学领域,江永虽然著有《四声切韵表》《音学辨微》等书，但与戴震共著的《古韵标准》是他古音学研究的代表作。江永修正了顾炎武的韵部分类，主张古韵"十三部说"。

图 21　江永

图 22　戴震

○ 戴震(1723—1777，图 22)，徽州府休宁县人。二十一岁时，他撰写了解说西洋计算法的《筹算》，接着发表了《六书论》《尔雅文字考》《声韵考》和《声类表》等文字学、音韵学论文，很早就是名声在外的学者了。早先他主张把古韵分为七韵二十部，但在逝世前一年改为九韵二十五部。

○ 孔广森(1752—1786)，山东省曲阜县人，孔子六十八世孙。年轻的时候拜戴震为师，研习经学。乾隆三十六年(1771)，二十岁中进士。曾与戴震同住的姚鼐(1731—1815，安徽省桐城县人，古文字学者)称赞孔广森"博学巧词章"。然而可惜的是，孔广森在三十五岁就英年早逝。他的古音学著作有《诗声类》和《诗声分例》，把古韵分为十八部。

○ 王念孙(1744—1832，图 23)，扬州府高邮州人。《尔雅》是中国最古老的义书(训诂书)，据推测为西汉时期无名氏所作，它解说古典词语，列举同、近义词，属于十三经(儒学基本经典十三种)之一。王念孙四岁就开始学习《尔雅》，十三岁受教于戴震。这一年戴震三十四岁。据说，在不满一年的时间里,王念孙的学问基础就打好了。乾隆四十年(1775),王念孙三十岁中进士,历任数职。他的代表作有以十年之功完成的《广雅疏证》十卷(参照第112页)、《读书杂志》八十三卷等数种。

王念孙大约与段玉裁(见下页)同时从事古韵研究。王念孙著有《诗经群经楚辞韵谱》,主张古韵二十一部说。

○ 江有诰(1773—1851),徽州府歙县人。刚开始他自学音韵学,后来与段玉裁来往亲密,在嘉庆十七年(1812)成为段玉裁的弟子。江有诰的主要著作是《音学十书》。他在段玉裁论述的基础上调查研究了《诗经》与其他上古韵文之后,把古韵分为二十一部。

嘉庆十七年(1812),段玉裁为江有诰的《音学十书》之《诗经韵读》写序,称赞此书"精深邃密,肌理绵细","集音学之成,于前此五家(顾炎武、江永、戴震、孔广森、段玉裁)皆有匡补之功哉"。

图23　王念孙

图24　段玉裁

就我们目前追溯的学术史来说,古音研究在戴震与孔广森之间应该还有段玉裁,可是因为我想更详细地介绍段氏,所以段氏其人其事放在后面讲。

段玉裁——清朝古音学第一人

Q 说到段玉裁我就想到他是注释许慎《说文解字》的考据学学者(图24)。刚才您说到,清朝的文字学主流是研究《说文解字》的。

A 是的。据说研究《说文解字》的书超过了一百册,研究者达到了两百人以上。在这么多的书中如果要选一本作为代表,那恐怕非段玉裁的《说文解字注》莫属了。这是因为段氏确实在古音学领域做出了卓越的贡献。对于段氏来说,《说文解字注》和古音研究是互为表里的。

段玉裁,字若膺,号懋堂或茂堂。清世宗雍正十三年(1735),生于江苏省镇江府金坛县。段家是书香门第。嘉庆二十年(1815)九月八日,他以八十一岁高龄逝世。一直到死,他都始终走在专研学术研究的大道上。(注16)

乾隆十二年(1747),十三岁。参加相当于科举预备考试的童试,合格,成为生员(国立学校的学生,注17)。据说此时的玉裁对于四书五经早已烂熟于心。江苏省学政(学政是负责各省学务和科举预备考试的官员)尹会一(朱子学学者)叫来玉裁的父亲段世续,说:"这个孩子将来必成大器,一定要让他多多增长才能啊!"尹会一还赠予玉裁《朱子小学》一书。据后来段玉裁给戴震的书信(写于乾隆四十年十月)说,当时的他早已喜欢上音韵学。

乾隆二十五年(1760),二十六岁。中乡试,成为举人(注18)。不久,为了准备会试(注19),玉裁寄宿于位于首都北京的乡试考官、时任刑部侍郎(司法部副长官)钱汝城家。寄宿期间,他在钱家看了顾炎武的《音学五书》,惊叹于顾氏考证的广博。与这本书的邂逅促使玉裁决心从事音韵学研究。

乾隆二十六年(1761)，二十七岁。在北京参加会试，不料落第。会试每三年才有一次，于是玉裁决定继续留在北京，一边做着国立学校的教师，一边等待下次考试机会。

乾隆二十八年(1763)，二十九岁。玉裁见到了让他一生尊敬的老师戴震，并成为戴震的弟子。自此以后的十五年间，戴段师徒二人一同讨论音韵学，直到戴震于五十五岁去世。

乾隆三十一年(1766)，三十二岁。再次应会试，再次落第。

乾隆三十二年(1767)，三十三岁。五月初，回到故乡金坛。回乡之后的玉裁和弟弟玉成一起考察《诗经》押韵情况，认为顾炎武的古韵"十部说"和江永的"十三部说"有不充分之处。他们除了《诗经》以外又详细考察了其他先秦韵文，撰写了《诗经均谱》与《群经均谱》，主张古韵"十七部说"。这是他古音研究的开端。

乾隆三十四年(1769)，三十五岁。又一次赴京赶考，但这次又以失败告终。这年冬，他幽居北京莲花庵，在邵晋涵(1743—1796，浙江余姚县人，乾隆三十六年进士，为《四库全书》的编修官；在编修《四库全书》的四库全书馆，人称经学戴震第一、史学邵晋涵第一)等人的帮助下，倾力于《诗经均谱》和《群经均谱》的注释。

乾隆三十五年(1770)，三十六岁。完成《诗经均谱》和《群经均谱》的注释。

乾隆四十年(1775)，四十一岁。在四川省富顺县知事任上公务繁忙之际，进行两本《均谱》的修改，九月份完成并出版。书名改为《六书音均表》(图25)。此即玉裁古音学的集大成之作。

《六书音均表》——段氏古音学的结晶

Q　我有问题。《均谱》的"均"和《六书音均表》的"均"的读音为什么不读"キン(kin)"[1]？

---

[1] 译者注：此处"均"日文读音为 in。

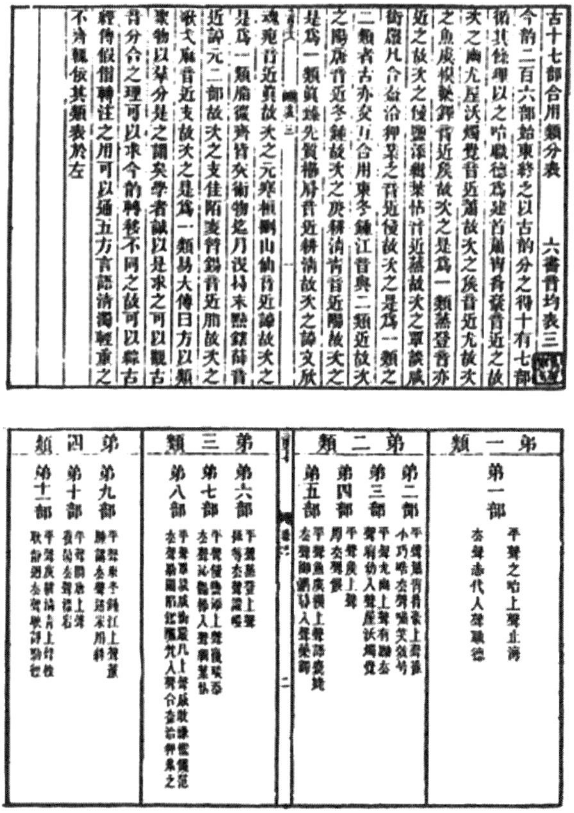
古十七部合用類分表　六書音均表三

今韵二百六部始東終乏以古韵分之得十有七部循其條理以之咍職德爲建首蕭宵肴豪音近之故次之尤幽侯屋沃燭覺音近蕭故次之侯音近尤故次之魚虞模藥鐸音近侯故次之是爲一類蒸登音亦近之故次之侵鹽添緝葉怗音近蒸故次之覃談咸銜嚴凡合盍洽狎業乏音近侵故次之是爲一類之二類者古亦交互合用東冬鍾江音與二類近故次之陽唐音近冬鍾故次之庚耕清青音近陽故次之是爲一類眞臻先質櫛屑音近耕清故次之諄文欣魂痕音近眞故次之元寒桓刪山仙音近諄故次之是爲一類脂微齊皆灰術物迄月沒曷末黠鎋薛音近諄元二部故次之支佳陌麥昔錫音近脂故次之歌戈麻音近支故次之是爲一類易大傳曰方以類聚物以羣分是之謂矣學者誠以是求之可以觀古音分合之理可以求今韵轉移不同之故可以綜古經傳假借轉注之用可以通五方言語清濁輕重之不齊觀依其類表於左

第一類
第一部　平聲之咍上聲止海　去聲志代入聲職德

第二類
第二部　平聲蕭宵肴豪上聲篠小巧晧去聲嘯笑效号
第三部　平聲尤幽上聲有黝去聲宥幼入聲屋沃燭覺
第四部　平聲侯上聲厚去聲候
第五部　平聲魚虞模上聲語麌姥去聲御遇暮入聲藥鐸

第三類
第六部　平聲蒸登上聲拯等去聲證嶝
第七部　平聲侵鹽添上聲寑琰忝去聲沁豔㮇入聲緝葉怗
第八部　平聲覃談咸銜嚴凡上聲感敢豏檻儼范去聲勘闞陷鑑釅梵入聲合盍洽狎業乏

第四類
第九部　平聲東冬鍾江上聲董腫講去聲送宋用絳
第十部　平聲陽唐上聲養蕩去聲漾宕
第十一部　平聲庚耕清青上聲梗耿靜迥去聲映諍勁徑

图 25　《六书音均表》

106　A　不好意思，没解释清楚。实际上这里的“均”不是平均、均等等表示“平等、使均等”的“均”的意思，而是与“韻(韵)”同字。在这本书的序言里，段玉裁说，“均”和“韵”是“古今字”。古今字即古今字形不同而含义范畴一样的文字。玉裁倾注心力注释完成的《说文解字注》里既不写“韻”也不写“韵”，而是使用了《说文解字》里收录的“均”字。

Q　明白了。那么，请介绍《音均表》的内容吧。

A　《音均表》由五种表构成。

107　第一表是“今韵古分十七部表”。所谓今韵，指的是《广韵》所反映的音韵。他认为《广韵》二百零六韵在古时分为十七部。

第二表是"古十七部谐声表"。关于形声字,他只把声符部分也就是谐声(形声)符分为十七部。他证明了属于同一谐声符的字在古部里都属于同一部。

第三表是"古十七部合用类分表"。把古韵十七部分为六部分来说明。

第四表是"诗经韵分十七部表"。证明了《诗经》的押韵可以清楚地分为十七部。

第五表是"群经韵分十七部表"。把《诗经》以外的押韵例子作为旁例展示出来。

那年十月,玉裁把《六书音均表》的一部分誊写好了送给戴震,请求他写序评论。为此玉裁写了一封信,在信里阐述了撰写《六书音均表》的理由,其内容大致如下:

> 十七部为音均(音韵)。音均明而六书明,六书明而古经传(经书及其注释)无不可通。玉裁之为是书,盖将使学者循是以知假借、转注,而于古经传无疑义。

嘉庆二十年(1815),八十一岁。沥尽心血完成的《说文解字注》全六卷刊行完毕。九月八日,段玉裁奔赴九泉之下。据传,王念孙在北京获知其死讯后念道:"若膺死矣!天下不复有学者矣!"说完嚎啕大哭。

探究声母——钱大昕的新发现

Q 话说回来,到目前为止谈论的古音研究全部都是关于韵部的,难道当时声母的研究被忽视了吗?

A 当时古韵声母的研究条件并不如韵部那么完备。众多韵文材料支撑起古音的韵部研究,可是一涉及声母,能够成为研究依据的材料充其量仅有形声字的偏旁部首(如"江"的"工"、"和"的"禾"等)所反映的声符罢了。你看,在研究材料方面有诸如此类的制约,所以清朝的学者们没有特别去讨论古音的声母。但仅有一个学者谈论到古音的声母。这人就是高度评价段玉裁《诗经均谱》并在其卷首留序的钱大昕。

钱大昕(1728—1804,图 26),江苏省嘉定县人。乾隆十六年(1751),二十四岁中举,因被任命为宫中文书管理官员而北上京城。为官闲暇时间,他一边学习欧洲的数学、地理等学问,一边研究中国传统的天文学和数学。乾隆十九年(1754),会试合格,再经殿试(注 20),成为翰林院庶吉士(此官授予科举优秀及第者)。乾隆三十九年(1774),为广东学政(学政是从中央派往各省主持生员考试的官吏)。翌年,因父丧回乡守孝。但此后他便不当官了,而被全国各地的书院(教授学说和学问的民间机构)屡次聘为院长。他培养了一大批晚辈后学,最后死在苏州紫阳学院。著作除《十驾斋养新录》二十卷、《二十二史考异》一百卷以外,尚有《恒言录》《声类》等文字学、音韵学著作。

钱大昕研究了极为有限的材料后,基于这些材料的例证,他有以下两个发现。

第一,上古无轻唇音,以现代汉语为例,即指 f-系列的声母,三十六字母中的"非敷奉微"(可参照第 156 页);其唇音都是重唇音,以现代汉语为例,即指 p-系列的声母,三十六字母中的"帮滂并明"(可参照第 156 页)。(《十驾斋养新录卷五·古无轻唇音》)

第二,上古无舌上音,以现代汉语为例,即指卷舌音 zh-系列的声母,三十六字母中的"知澈澄娘"(可参照第 156 页);其舌音都是舌头音,以现代汉语为例,即指 t-系列的声母,三十六字母中的"端透定泥"(可参照第 156 页)。(《十驾斋养新录卷五·舌头类隔之说不可信》)

这些发现给汉语音韵史研究带来新的创见。由他提出的关于唇音和舌音的见解,直到今日都还是定论。

图26 钱大昕

古音研究与语言探究

Q 出乎我的想象,真没想到清朝的学者们对古音的研究竟是如此倾尽心力。清朝古音研究兴盛的背后又与顾炎武的那句话"文字研究自知音始"息息相关,表明了清朝新文字观的形成,这更让我吃惊了。这真是大变革啊!

A 对的。说来或许有些夸张,甚至让人感觉自古以来的汉字观发生了哥白尼式的大转变。前面说过,汉字由形音义三要素构成,但是语言原本是由意义(义)和其对应的语音(音)结合而成的。文字(形)只不过是特定语言的标记符号罢了。因此,所谓的词义研究应该是透过文字对其背后隐藏着的意义的探究。但是,中国传统的训诂学囿于"汉字表达意思"的传统观念,并不直接把语言本身当成研究对象。然而,时代变迁,到了清朝,学者们开始以新视点研究古音了。段玉裁说:

> 圣人之制字,有义而后有音,有音而后有形。学者之考字,因形以得其音,因音以得其义。治经莫重于得义,得义莫切于得音。(为王念孙《广雅疏证》所作之序的一部分)

喊出"因声求义"(不以形而以音考求字义)口号的段玉裁和王念孙打破了历来的传统,开创了因音求词义词源的新研究局面(注21)。

Q 段玉裁等人的古音研究,并不仅仅是音韵研究。那么,新生的古音研究成果被应用到文字和语言探究上去了吗?

A 对的。特别是,在语义研究领域有令人欣喜的成果。在此,我们介绍个词语吧。在实践因声求义的王念孙《广雅疏证》十卷(1795年成书,魏张揖《广雅》三卷的注释书,系王念孙44岁时起稿,自序云"殚精极虑",花费十年完成的著述)中讨论了一个词语。

《楚辞·离骚》里有"狐疑"一词。向来的解释都是"如狐狸般多疑"。但是,王念孙解释说,一般来说,每个汉字都是单音节词语,都有固有的意思。但其中也有由双音节(两个汉字)组成的一个词语(一个意思),即"连绵词"。双声词是连绵词的一种(注22)。"狐疑"与"嫌疑"等词语一样,都是属于二字声母相同的"双声词"(参照第52页),其意思仅仅是"怀疑、多疑","狐疑"一词的形成与"如狐狸般多疑的性格"无关。接着,他说道:

> 夫双声之字,本因声以见义,不求诸声而求诸字,固宜其说之多凿也。

从这个例子可以看出,王念孙已经摆脱汉字字形的束缚,而以古音研究的成果为武器,去挑战前辈学者不能解决的问题。

Ⅳ 中古音的探究

陈澧与"反切系联法"

Q 话说回来,清朝的音韵研究,只关注古音研究吧?他们难道没有研究所谓的"中古音"吗?刚才介绍的段玉裁《六书音均表》的《今韵古分十七部表》中,把古音与《广韵》二百零六韵对比来着……

A 你说的没错,清朝以古音研究为主。我想,这是因为清朝的考据学多求证于古文献的缘故。高本汉的"中古音"相当于清朝学者们的"今音"。"今音学"(高本汉所谓的中古音研究)在清初并没有什么成果,紧接着的乾嘉时期(1735—1820)是清朝语言学的全盛时代。但当时的考据学学者把注意力都集中到古音研究上了,着手研究今音的仅仅只有江永、戴震二人。他们以《广韵》为研究对象,但遗憾的是他们的研究离系统的《广韵》音系研究还很遥远。

图 27　陈澧

江永之后一百年，到了清末，有个学者首次对《广韵》展开了系统全面的研究，他就是陈澧。

陈澧(1810—1882，图27)，广东省广州市人，道光十二年(1832)举人(参照第170页注15)。其学问十分广博，他研究天文、地理、乐律、算术、修辞等，其中有关音韵学的著作《切韵考》五卷(1842年自序)和《切韵考外篇》三卷(1879年自序)是清代今音学的代表性著作。这两本书是陈氏自二十八岁起花了五年岁月完成的东西。陈氏在书中使用了以前从未有过的方法，并向世人展示了其成果。

Q　陈澧想出的新方法是怎样的呢？

A　它叫做"反切系联法"。听起来好像很难的感觉，其实并不难。系联二字的基本意思是"系上，连上"，合起来就是"系联"，即"把有关系的一组东西合而为一"的意思。

《广韵》里有众多反切，但是十分杂乱，反切上下字到底分别代表几个声母几个韵母，几乎完全摸不着头脑。陈澧为了弄清楚声、韵母的数量，对所有的反切进行了整理研究，分别归纳出一组组能够代表相同声母和韵母的字类来。这种方法就是所谓的"反切系联法"。

Q　陈澧到底想出了什么方法呢？

A　陈澧在着手整理反切用字之际，首先注意到的是反切的组成。前面说过，反切注音的特点为反切的归字与上字是双声、与下字为叠韵(参照第56页)。这一点给陈澧很大的启发。

举例来说，下面有两个反切："冬　都宗切""当　都朗切"。比较这两个反切，可以发现两个反切的反切上字都是"都"。前一个例子的归字"冬"与反切上字"都"是双声，也就意味着它们拥有相同的声母。后一个例子的归字"当"与"都"也是双声。因此把"都"作为反切上字的"冬"与"当"，虽然在字面上不同，然而其声母却是相同的。也就是说，都、冬、当三字在声母方面属于同一类别。

Q 声母是这样，韵母方面也是完全一样的道理吗？

A 对的，一样的。让我另外举两个例子吧："东 德红切""公 古红切"。两个反切的下字都是"红"，前一个例子的归字"东"和反切下字"红"是叠韵，也就是说二字拥有相同的韵母，后一个例子的归字"公"和其反切下字"红"也是叠韵关系。所以，把同字"红"作为反切下字的"东"和"公"虽然在字面上是不一样，但其实韵母是一样的，也就是说在韵母方面，红、东、公三字属于同一类别。发现这点的陈澧一下子发现了新大陆。于是，他在整理反切之际采用了"系联反切用字以分类的方法"。

"正例"与"变例"

Q 原来如此啊。陈澧发现了很好的切入点。那请整体介绍下其方法吧。

A 后人称反切系联法有"正例"和"变例"两种。首先从正例开始说起。所谓正例，一言以蔽之，即从事反切用字整理的人完全抛开主观意志，而专注于客观地进行系联操作。正例有三条规则，即"同用""互用"和"递用"。《切韵考》卷一"条例"中列举了三个规则的例子，我们也拿这些例子来说明（但是，我们举例的呈现方式不一样，陈澧没用箭头指示）。先从"同用"说起。请看例子。

同用例	互用例	递用例
（声母）当←冬 都→都 郎 宗 切 切	（声母）都⇄当 当⇄都 孤 郎 切 切	（声母）都←冬 当→都 孤 宗 切 切
（韵母）公←东 古→德 红 红 切 切	（韵母）红⇄公 户⇄古 公 红 切 切	（韵母）红←东 户→德 公 红 切 切

同用就是如例所示，两个以上的归字拥有相同的反切上字（即声母相同）或反切下字（即韵母相同），于是这两个以上的归字与其反切上字或下字能够联系起来。举上面的例子来说，看声母的话，归字"冬"和"当"能够和反切上字"都"连起来，而看韵母的话，归字"东"和"公"能和反切下字"红"连起来。因此，冬、当、都（声母）三字与东、公、红（韵母）三字分别放在同一个类别里。

接着是"互用"的例子。

互用指的是两字同为归字和上字，或者同为归字和下字。举上例来说，当、都（声母）和公、红（韵母）分别归属同一类别。

最后是"递用"。递用，顾名思义，即"按一定方向一个一个地传递"，说的是按照顺序来，几个反切上字或者反切下字，被作为下一个反切的归字来使用。

举上例来说，冬、都、当（声母）与东、红、公（韵母）依次连续，分别属于同一个类别。

以上就是所谓的"正例"。但实际上，仅用正例法并不能处理好所有的反切。因为原先的反切用字并非是按照"系联"方法选定的。所以，即使事实上属于同类的声母或韵母的字，也会发生系联不出来而不适用同用、互用和递用的情况。于是就会发生原本应该归纳为一类的声类或韵类却被分为两类以上的情况，抑或是发生完全相反的情况——由于夹有不规则的或是错误的反切用字的缘故，本应该属于不同声类或韵类的字，却能够系联起来。

为了尽量避免此类不合宜的事情发生，陈澧又想出了"变例"规则。在用系联法整理反切之际，当觉得反切用字古怪或疑其为错别字等情况时，整理者可基于自身判断改动反切用字。但是，这里因为没有明确的客观判断标准，所以遗留下了不少问题。刚刚说过，陈澧通过系联反切用字整理出声类四十种、韵类三百一十一种，但其后的研究者以相同的方法所得的结果却多少都有所不同。这是因为每个研究者使用"变例"

的判断不同所导致的。

尽管陈澧所做的反切整理,在细处尚有问题遗留,但是对于当时从没被开发过的中古音研究来说,他作出了巨大的贡献。他的整理使得中古音的概貌明晰起来。但是中古音究竟拥有怎样的音韵体系、每个声母每个韵母究竟如何发音等问题都还不清楚。清朝的音韵学极限就在于此。这些问题的解决还需时日。

附表　上古韵部分类、变迁一览表

部数	平入	韵部(从右至左依序编号)	学者(说)
14	平10 入4	1东　2支(入)　3鱼(入)　4真　5萧(入)　6歌　7阳　8耕　9蒸　10侵(入)	顾炎武(十部说)
21	平13 入8	1东屋　2支　3鱼　4真质　5元月　6萧　7尤　8阳药　9耕麦　10蒸职　11（　）　12侵缉　13谈合	江永(十三部说)
25	平17 入8	1之(入)　15脂(入)　16支(入)　9东(入)　5鱼(入)　14文　2元　3宵　4侯(入)　17歌　10阳　11蒸　6侵　7（　）　8覃(入)	段玉裁(十七部说)
25	平16 入9	7翁　14娃 15厄　17衣 18乙　5噫 6亿　20靄 21遏　2乌 3垩　16殷　19安　11天 12屋　8謳 9屋　1阿　10央　13婴　4音 23邑　22膺　24醃 25谍	戴震(二十五部说)
25	平17 入8	1东　6冬　11支(入)　12之(入)　17鱼(入)　13魚　3辰　16幽(入)　15宵(入)　14侯(入)　10阳　2丁　8蒸　7侵　9谈 18合	孔广森(十八部说)
27	平17 去入10	1东　11支(入)　17之(入) 14至　18脂(入)　7鱼　9谆　21宵(入)　20幽(入)　19侯(入)　10歌　6阳　3蒸　2侵 16缉　4谈 15盍	王念孙(二十一部说)
28	平18 去入10	15东　16中　7支(入)　5之(入)　12鱼　11文　3元 9祭　10宵　4幽(入)　19侯(入)　6歌　14阳　13耕　17蒸　18侵　21缉　19谈 20叶	江有诰(二十一部说)

本表转引自拙著《中国语言学史(增订版)》(汲古书院,1998年)

第四节　还原古代音——用唐代音诵读杜牧的《江南春》

Ⅰ　开启近代古音研究之旅

历史语言研究所的创立

　　1911年,曾经拥有康乾盛世的清朝最终也灭亡了,这宣告了持续数千年的王朝政治的谢幕。1919年,著名的五四运动(第一次世界大战后,为了阻止中国政府接受日本的要求,于1919年5月4日爆发的学生运动)爆发,以此为契机,中国迈开了近代化的脚步。其中之一就是"国故"(即以西洋的方法整理中国古代的文化,以重新审视它们,这就是"整理国故运动")研究的近代化。

　　这一新文化运动也给语言研究带来巨大的变革。对于当时的中国学者来说,最迫切的就是学习诞生并成长于欧洲的近代化语言学研究方法。结果,历来仅仅局限于反切和诗文押韵、形声(谐声)字整理的研究发生了惊人的变化。向来完全不曾留意的语法研究兴起了,现代各方言的描写性研究和殷代甲骨文、周代金文等研究也开始兴盛起来了。

第四节 还原古代音——用唐代音诵读杜牧的《江南春》

讲到这里,有问题的请讲。

Q 迎来了中国近代化语言研究的黎明啊。

A 是的。1928年,在国家的支持下,中国创设了中央研究院历史语言研究所。它由几个组组成,其中之一就是"语言组"。语言组的成员人数虽然少,但一个个都是接受了近代化语言学训练的学者。他们制定计划,全力推进了对中国的语言(包括汉语[汉族的语言]、汉藏语系[Sino-Tibetan Family]语言、阿尔泰语系语言、历史上与中国交往密切的民族语言等)的研究,使之成为中国语言研究的主流,并拿出了辉煌的成果。

语言组首先进行的是对高本汉分四次发表在斯德哥尔摩《远东古代博物馆纪要》上的《中国音韵学研究》(*Etudes sur la phonologie chinoise*)的翻译工作(关于此论文集的介绍参照第89页)。这一业绩成为奠定之后汉语音韵史研究的基础与方向的划时代大事。语言班的研究者们首先以翻译论文为契机,理解并学习了构拟《切韵》音韵体系的"比较语法"(参照第14页)。

高本汉的《中国音韵学研究》

Q 请介绍下高本汉《中国音韵学研究》的内容。

A 这本书成为后来音韵史研究的坚实基础,引导语言研究向下一阶段发展,所以想让大家知道其内容。

第一卷《古代汉语》(*l'ancient chinoise*)把由《切韵》(《广韵》)反切可知的语言(5—6世纪))定义为"中古汉语",由此论述从韵书和宋代编修的韵图(《切韵指掌图》和《切韵指南》)推测出的"中古汉语"的音韵体系(以下称为"中古音"),并在声韵表中列出作为推测依据的三千多个汉字。

第二卷《现代方言的描写语音学》(*phonetique descriptive des*

dialects modernes)里，解释说明了普通语音学的基本概念，对日本、朝鲜和越南的汉字音、现代中国各方言的语音进行了描写。

第三卷《历史上的研究》(études historique)论述的中心是，从第一卷和第二卷所展示的基础性事实出发，基于"比较语法"来推断中古音的声母和韵母的音值（实际的发音），然后解说中古音是如何变化发展成现代各方言的样子。

第四卷《方言字汇》(dictionnaire)对照着其构拟的中古音，展示了书中所用的二十六个现代方言的汉字发音（但是没有标注声调）和外国汉字音。

以上就是内容。我们介绍过，清朝时期陈澧等人对中古音进行了整理研究（参照第113页）。但那样的研究在理论上就不可与欧洲的近代性语言学方法相提并论。高本汉向中国人展示了如何基于语音学和音韵历史原理，在传统中国音韵学取得的成就上，从语言学角度复原中古音。

Q 可以想象当时的中国学者有多么震惊了。一个外国人竟然揭开了他们祖先所说的语言的语音面貌！

A 他们肯定是受了很大的刺激。据说，高本汉的论文一经发表就被作为北京大学的上课讲义，而我们也能够想象此书是如何被火速全文翻译。这本书的译者为著名的优秀语言学家赵元任（1892—1981）、罗常培（1899—1958）和李方桂（1902—1987）三位。另外，我们需要注意的是，他们不仅仅翻译，而且在与高本汉保持密切联系的情况下，就其内容进行讨论，并订正高本汉的错误、补充注释，更进一步的是，他们把原文中使用的瑞典式字母改写成国际音标。像这样在内容和形式上经过中国优秀学者修正增补的译注书，开始于1931年秋，由于满洲事变[1]的

---

[1] 译者注：即九一八事变，日本称为"满洲事变"。

影响,一直到九年后的 1940 年秋天——这一年汪兆铭在南京建立伪国民政府(译者注:原文无"伪"字),第二年即 1941 年,爆发了太平洋战争——才由在长沙(现湖南省省会)的商务印书馆以《中国音韵学研究》(台湾商务印书馆影印本,1963 年)之名出版。

与高本汉相比肩的学者——马伯乐

Q 话说,没有人批评和反对高本汉的学说吗?

A 在高本汉的 Etudes 第三卷发表后的第二年,即 1920 年,马伯乐(Henri Maspero,1883—1945,图 28)对高本汉发难。高本汉结束中国留学后,归国途中自 1912 年到 1914 年滞留在巴黎。此间,高本汉结识了马伯乐,并受到他很大的启发。据说,马伯乐的论文《安南语音韵史研究》(1912年,原文为法文,注 23)对高本汉的方法论产生了巨大的影响。

图 28 马伯乐

马伯乐在《唐代长安语音考》(1920 年,原文为法文,注 24)中,批判高本汉的《切韵》拟音,并认为隋代的语音并不与高本汉所构拟的语音相一致，而且他又讨论了朝鲜汉音的由来，批判了高本汉的论证。为答马伯乐，高本汉发表了《中古汉语再构》(1922年，原文为英语，注25)，遵从马伯乐的意见修改了自己的一部分观点。高本汉顽固地坚持己见，对于他人的批评与修正并不轻易接受，但也有接受马伯乐、李方桂观点的时候。这篇论文立即被林语堂(1895—1976)翻译成汉语，即《答马斯贝罗论切韵之音》(《国学季刊》第一期第三号，1933年)。这是高本汉汉译论文的开始。

Q 与高本汉比肩的马伯乐也算是打下汉语近代化音韵学研究基础的一大学者啊！

A 没错。这二位不仅仅研究汉语音韵学，同时也对其他领域有研究。高本汉的研究业绩涉及语法学、文献学、古典研究，甚至对考古学也有所研究。而马伯乐的研究领域有越南语、越南史、中国古代史、中国佛教道教史，涉及范围很广，都给中国学者带去了不可计量的影响。

高本汉之后的研究状况

Q 除了马伯乐以外，还有人对高本汉的中古音构拟提出批评建议吗？

A 高本汉的构拟周全，整体性很强，可谓留下了划时代的业绩，但细微之处尚有可批判和商榷的余地。20世纪30年代，以马伯乐为代表，德国的西门(W.Simon)，中国的赵元任、罗常培、李方桂等人都对其进行了批判与争鸣。到了30年代后期，中国的音韵学研究体系也得到了完善，高本汉的《中国音韵学研究》译注本被拿去与19世纪在敦煌、吐鲁番地区发现的《切韵》残卷和《广韵》做对照，刘复、魏建功、罗常培编了《十韵汇编》(1936年)，魏建功著有《古音系研究》(1935年)，王力撰写了《中国音韵学》(1935年)等等。40年代的中古音研究也是基于对高本汉学说的修正而展开起来的(注26)。

"上古特殊假名使用法"与《韵镜》

Q 修正了哪些点呢？

A 有好几点。但被他忽略的最重要的一点,即专家们口中的"重纽问题"。"纽"指声母。"重纽"——"重复的声母"——从字面上看起来似乎很深奥的样子,可我想各位对这个问题或许会感兴趣。因为这也与奈良时代的日语元音系统有很大的关联。在进入重纽问题这一话题之前,咱们先说点题外话。

大家都知道,我们的祖先原来是没有文字的。他们与诞生于中国的汉字邂逅后,决定采用汉字作为自己的文字。然后,我们的祖先饱尝甘苦,终于掌握了以模仿汉字读音的"音读"和以日语读汉字的"训读"这样的方法。于是,他们以音读和训读为武器去阅读汉文(汉语文章),甚至以汉字书写日语文章。另一方面,他们又一字一句地以所谓的"万叶假名"(表音的"音假名"和表训的"训假名")成功著述了《古事记》《日本书纪》和歌谣《万叶集》等作品。举例来说,以"也末"[1]来标记"山"——这是音假名,以"彼比"来表达"遥远的将来与现在"——是为"训假名"。

时代变迁,到了江户中期,出现了一个叫本居宣长(1730—1801,图29)的国学者。其时的国学者站在古典主义的立场上,研究《万叶集》和《古事记》。处在古典主义时代潮流中的本居宣长注意到了《古事记》的万叶假名(音假名)中有不同于一般情况的假名使用方法(后世称为"上代假名使用方法")。在本居花费三十余年完成的《古事记传》(1771年完稿)的《总论》中,他写道:

使用"许"和"古"二字标记コ(读作[ko]——译者注,下同),但标记"子"(コ)仅用"古"而不用"许"。

---

[1] 译者注:现代日语读音为"yama"。

图 29　本居宣长

使用"米"和"卖"二字标记メ(读作[me]),但标记"女"(メ)仅用"卖"而不用"米"。(概要)

在本居发现的基础上,其门人石塚龙麿(1764—1823)扩大了调查范围。他详细调查了《古事记》《日本书纪》和《万叶集》的万叶假名,检验了本居的发现(《假名遣奥山路》三卷的《自序》)。

Q　本居和石塚二人发现并检验了奈良时代万叶假名区分使用现象,真是了不起!但是,那些假名为何被区别使用呢?

A　本居仅仅停留在发现事实、指出事实罢了,而石塚也不知道其中缘由，但他认为这是假名使用造成的。

但是，这不仅仅是文字或者说假名区别使用的问题，而正是因为语音的不同而造成了文字使用的不同——这是大正初期研究的结果。该观点载于桥本进吉(1882—1945)《国語仮名遣研究史上の一発見》(《帝国文学》二十三卷十一号，1917年)。桥本对于上代文献中万叶假名的区别使用，大体意见如下：

> 例如，为了表示き(读作[ki])这一音节，万叶假名(音假名)使用了"岐、支、纪、记"等字，但(一)表示"君"(读作[kimi])、"雪"(读作[yuki])的意思时，使用"岐、支"类(这被称为き甲类)，而不用"纪、记"类。(二)表示"木"(读作[ki])、"月"(读作[tuki])意思时候，使用"纪、记"类(这被称为き乙类)而不用"岐、支"类。(概要)

换句话说，表示き(读作[ki])的万叶假名有两个系列(甲类和乙类)。桥本指出，使用哪一类由词语决定，据此他推论，这是因为音韵的不同造成的。

桥本指出，有甲、乙两类不同音的有イ列(きぎひびみ)[1]、エ列(けげへべめ)[2]、オ列(こごそぞとどのもろよ)[3]，合计二十个。所以，据他研究，现代日语(东京方言等)仅有アイウエオ五种元音，而奈良时代的日语却比它多了三个，达到八个元音。

Q　您是说イ列、エ列、オ列在古代除了像现代日语(东京方言)那样有[i][e][o]以外，还分别有另一种[i][e]和[o]吗？这些是怎样的元

---

[1] 译者注：イ读作i，きぎひびみ分别读作ki、gi、hi、bi、mi。这五个音的元音都是i，所以称为i类。
[2] 译者注：エ读作e，けげへべめ分别读作ke、ge、he、be、me。这五个音的元音都是e，所以称为e类。
[3] 译者注：オ读作o，こごそぞとどのもろよ分别读作ko、go、so、zo、to、do、no、mo、ro、yo。这十个音的元音都是o，故称为o类。

音呢？

A 桥本认为其具体音值为：一、イ段除了-i 以外有与其相对立的-ï（ï 存在于东北方言[1]中，既不是イ也不是ウ[2]，而是介于二者之间）；二、エ段除了-e 以外还有与其对立的-əi 或者是-əi（就像英语的 bird [bə:d]那样的央元音）；三、オ段除了-o 以外还有央元音-ö（就是德语 schön[ʃø:n]中 ö 的发音）。（《国語音韻の変遷》，部分改动）而其推论的依据文献不是别的，正是中国的《韵镜》（参照第 82 页）。因为令人感到格外惊讶的是，《韵镜》清楚地把万叶假名的甲类字放在四等栏里，乙类字放在三等栏里。咱们说过，《韵镜》是把《广韵》的音韵体系（也就是中古音）图表化了。

被高本汉忽略的"重纽"问题

Q 刚才说到，高本汉构拟了中古音，所以，如果要研究探讨奈良时代的万叶假名（音假名）的音值的话，高本汉的拟音是一种有效的参考吧？

A 然而，桥本所说的甲类、乙类音的区别问题，高本汉并没有注意到。甲、乙类音与刚才提到的"重纽"问题是有关的。

首先我们解释一下"重纽"。前面我们已经对《广韵》这本韵书做了介绍。这本韵书对二百零六个韵进行了分类和排列，把每一个韵里面同一韵母的归类在一起。比如"东"韵为"-ung"，而"冬"韵为"-ong"。其间也夹杂着同韵却不同声母的字。韵书因为是写诗时的参考书，所以声母不同但是只要韵相同，就可以归类在一组里。因此比如"东"韵这组里就有声母是 d-、t-以及 z-的，等等。而编写韵书的人其实已经把此类问题考虑进去了。比如，同为"东"韵，他们通过两种不同的方式，对声母是 d-和 t-的字作了区别标识。其一是反切。比如以 t-为声母的"东"等十七字用

---

[1] 译者注：此处指日本东北的几个县。
[2] 译者注：イ读[i]，ウ读[ɯ]。

"德红切",而以 d-为声母的"同"等四十五字则以"徒红切",以此来区分二者的不同。第二种方法则是在用反切标识出来的各组的开头字(比如"东""同")上用符号○来区分二者的不同(参照第 72 页图 14)。因此,在○与○之间的这些字被称为"小韵",即不仅韵母,声母也是相同的文字组。

Q　那么反过来说,如果两个"小韵"不同,同韵的情况下也会出现不同声母的情况了。

A　确实是这么回事。但是这里面也隐藏着陷阱。其实在《广韵》的二百零六个韵中,有类似 dian 这样的"拗音韵[1]",也就是在主元音的前面有-i-韵。顺便说一下,像 dan 这样没有拗音韵的称之为"直音韵[2]"。通过调查,我们发现一个很有趣的现象,就是有奇怪的"小韵重出"。即两个小韵是不同的,但是看它们的反切,却会发现原来为了有所区别而分开显示的声母,却是相同的。这一现象让人觉得十分惊讶。不知为何故,或许是编者的失误。就像这样本应区别开来的声母反而成为重叠的反切的对子,就叫做"重纽"。

Q　好像明白了重纽是怎么回事,但还感觉不是很明朗。能否再稍微详细地说明一下其内容。

A　这样会略微专业了点,但是此处非常重要,所以在关键的地方我将举例说明。我们来看一下《广韵》中入声韵之一的"质"韵,里面有"笔 鄙密切""必 卑吉切"的反切。二者被认为是不同的小韵。但是经调查发现,这两个反切的上字("鄙"和"卑")都是"帮"的元音"p"。也就是说,光看这部分,两个反切所显示的音其实没有什么不同。这就是所谓的"重纽"关系。

---

[1] 译者注:此处"拗音"系日语的概念,等同于汉语的齐齿呼、撮口呼。
[2] 译者注:此处的"直音"是相对于前出"拗音"的概念,不同于汉语"直音法"的"直音"。

在《广韵》里类似的例子已经被接受。比如清朝江永在其《四声切韵表》里对二者用"等"(参照第169页注11)来区别,而陈澧在《切韵考》里通过反切下字来区别。但是高本汉却没有看出这一点来。

Q 说不定是因为高本汉没有看韵图?

A 非也。虽然高本汉生前没能看到《韵镜》,但是他参考了宋代的《切韵指掌图》和《切韵指南》这两本韵图。即使是这些韵图,也如桥本所说是把甲类字放在四等栏、乙类字放在三等栏的。而且高本汉明明知道朝鲜汉字音里是反映了这些不同的(具体将在后面举例),那么为什么他会无视这样的区别,而把二者当作同音字呢?

有坂秀世和河野六郎推进了"重纽"的研究

Q 没有被高本汉看作问题的重纽,是什么时候提出来的呢?

A 最早并且正确地对重纽提出批判、以实例进行解释的,是有坂秀世(1908—1952)的《カールグレン氏の拗音説を評す》(注27)。而河野六郎先生(1912—1998)的《朝鮮漢字音の一特質》(注28)则对有坂秀世的假说从另一面进行了论证,不仅证实了其正确性,还确立了自己的推断。有坂对《切韵》系韵书的反切以及河野先生对梁代顾野王的字典《玉篇》(543年)里所见的反切,均指出有重纽的例子。而两位学者把朝鲜和越南的汉字音作为材料,更进一步对"三等(乙类)和四等(甲类)的区别是什么"进行了研究。

首先以朝鲜汉字音为例。在朝鲜汉字音里声母是牙、喉音(参照第84页)的话,三等与四等的不同是得到反映的。(例用罗马字标识)

例:支韵・四等(甲类)"岐"-iie:三等(乙类)"奇"-ïie

仙韵・四等(甲类)"遣"-iân:三等(乙类)"乾"-ïân

鱼韵・四等(甲类)"虚"-io:三等(乙类)"居"-ïo

第四节　还原古代音——用唐代音诵读杜牧的《江南春》

从这些例子我们可以看出,朝鲜汉字音里在四等(甲类)里介母是-i-的,在三等(乙类)里其介母则是-ï-,如果说-i-与现代日语(东京方言)的イ(口盖音イ)是一样的话,那么这个-ï-就应该是被称为中舌元音的イ了(非口盖音イ)——类似日本东北方言里所见既不是イ也不是ウ的那个中间音。

接下来我们看一下越南汉字音吧。在越南汉字音里声母是唇音(参照第 84 页)的时候,三等和四等是有区别的。

例:支韵・四等(甲类)"鼻"ti：三等(乙类)"备"bi
　　脂韵・四等(甲类)"比"ti：三等(乙类)"眉"mi
　　宵韵・四等(甲类)"标"tieu：三等(乙类)"表"bieu

如上所示,在越南汉字音里,三等和四等的不同是反映在声母上的。也就是说在三等(乙类)是 b-(其他还有 p'、m、f、v 等)这样的唇音的,到了四等(甲类)就变成了 t-(其他还有 t'、j、ny 等)这样的舌音了。二者的不同一目了然。

Q　等一下。作为四等的例字的"鼻""比""标"在汉语中都是唇音 p- 吧。那为什么会被标成舌音的 t- 呢?

A　这个和语音学有关了,稍微有点专业,在此简单地概括一下。古代汉语的唇音在越南汉字音里只有四等的时候被舌音化。也就是说,我们可以推断唇音变化成了舌音(pi→ti)。而 i 前面的唇音变成舌音的例子,据有坂秀世研究,有冲绳的国头方言里的"正午"是 tiruma(piruma),"茶毘"是 dadi(dabi)。i 前面的 p 变成 t,可以认为这是一种颚化现象。发音时前舌抬高到上颚,这一现象称为颚化。颚化的 p 类的唇音声母,因为在闭嘴唇的同时舌尖触碰到上齿龈,所以容易变成 t 类的舌音声母。

那么问题是,越南汉字音里,唇音舌音化(p→t)的只有四等(甲类),而三等(乙类)的字,从例字就可以看出还是保持着唇音。所以我

91

们可以这样推断：越南汉字音的 pi、bi、mi，最先并不是这样的形状的，而是因为一开始在 p-、b-、m- 的后面，具有妨碍 p、b、m 颚化作用的像-ï-这样的非颚化的要素所导致的。因此，如果我们可以假定在朝鲜汉字音牙、喉音字里所见到的类似三等-ï-和四等-i-的区别在古代汉语的唇音音节中已经存在的话，那么越南汉字音的 pïi→pi、pii→ti 这种现象也就很好解释了。

有坂和河野二人以此为依据（还有其他日语中的吴音以及中国南方方言），推断出在三、四等两属韵（注 29）的三等（乙类）的唇、牙、喉音字和四等（甲类）的唇、牙、喉音字中间存在着介母拗音的不同，从而假定甲类具有颚化的-i-，乙类则具有中舌-ï-。这就是"有坂—河野说"。二人的论文因为是用日语发表，在海外没有引起关注，但是略晚些时候此现象在中国也被研究，从而出现了"重纽"这样的专用术语（注 30）。

Ⅱ 还原"中古音"的方法

能够还原的音是有限的

Q　在日本的汉字音为还原古汉语的发音作出贡献的同时，中国的文献资料也为探索日本古代音韵提供了宝贵的资料。在刚才的重纽问题里，我们似乎明白了推测中古音的一些程序。但是这些是纯粹通过外国汉字音来推测的例子，能否再具体说一下运用别的资料，比如现代方言音复原或者构拟古代音的相对比较普通的例子呢？

A　好的。但是在做具体说明之前，还要交代一些事情。其一就是有关古代"复原音"的问题。大家应该明白，被还原的发音不是唯一的、绝对的。这个音实际是怎样的，我们没有确切的证据。这类还原再怎么说也只是根据现存资料，可以对下一阶段的变化进行合理解释并且根据结果又能刚好"推测"出来的音。

此类"推测"出来的复原音，打个比方，就像是寻找嫌疑人时的肖像

第四节 还原古代音——用唐代音诵读杜牧的《江南春》

画。根据从目击者那里得到的信息,绘制嫌疑人的头像。如果只有"那个人瘦瘦的、鼻子略圆、嘴巴大"这样的信息,画的人一定很为难。而如果收集到的信息是,一个目击者说"不记得是左边还是右边,好像有颗痣",而另一个人却说"不,没有痣",也就是说是无法确定的信息的话,复原就会更难。而复原古代音这个技术,就像仅仅根据所收集到的信息去绘制一个人的头像那样,我们无法保证它到底和原声有多少相似。因此这里说的复原音,再怎么说都只是一种假说。希望大家能够理解。

推测实际发音(音值)的根据

Q 怎么感觉还原古代汉语发音这个工作有点悬啊。

A 这个大概是因为我太过于强调复原这个工作的困难和需要注意的地方了。但是我们不必悲观。先驱者高本汉描绘出来的近似图,在结合后世收集到的信息以及对高本汉理解错误部分进行修正之后,今天我们所看到的已经是离原声非常近的东西了。尽可以放心。

那么接下来,我们以中古音为例,继续讲有关复原音的具体方法。根据到目前为止所说的基础工作,也就是对《广韵》的反切的整理("系联",参照第113页)和弄清《韵镜》的结构(参照第83页),我们知道了中古音里有声母和韵母,还知道了它们之间的关系,以及形成了什么样的体系。但是关于音值(实际的发音),反切或《韵镜》并没有告诉我们任何东西。所以比如声母是k-还是g-,韵母是-ung还是-ang,我们必须要找到解开这个谜团的钥匙。而这个钥匙,其实就在我们身边。那就是现代的汉语方言以及日本、朝鲜、越南的汉字音(注31)。

首先是现代汉语的诸方言。正如大家所知,国土面积是日本二十六倍的中国有诸多方言。它们之间比较大的区别就是音韵。但是在这些方言音之间,可以发现存在"对应的音韵"。比如北京话的韵尾(音节末尾的子音)有-n和-ng两种,香港等地使用的广东话里则除了-n和-ng还有-m。但是广东话里的-m、-n 和北京话的-n 对应,而-ng 基本能够和北京话的-ng 对应。比如"三"在广东话里是 sam,北京话是 san;"仙"在广东话是 sin,北京话是 siɛn(拼音为 sian);"行"在广东话里是 heng,北京话则是 ɕiŋ(拼音是 xing)。而"儿、耳、二"在北京话是 ər(拼音 er)音的字在吴语(口语)里则是 ɲi(ɲ-是法语 montagne[mōtaɲ]的音),在广东话里对应的则是 ji(j-类似日语里亻音)。在现代诸方言之间,像这样的音韵对应是得到承认的。

　　这样的对应关系并不是偶然的。我们可以假设这些方言是同一个老祖宗,这样就可以理解为这是在经过各自不同变化后的对应关系。在比较语法(参照第 14 页)的学术范畴,是把这种对应关系作为重要的基础来推断祖语的音韵框架和音值的。然而汉语就像之前所说,祖语(《切韵》的体系,也就是中古音)的框架可以根据整理《广韵》的反切和《韵镜》来弄清。因此,如果我们考察中古音框架中的音在现代诸方言中是以怎样的语音体现出来的,换言之,也就是考察中古音与现代各种方言的对应,那么无论从语音角度还是从音韵变化的一般倾向来看,都可以把最安全而且正确性最高的那个音作为形成中古音框架之单位(声母、韵母)的音值来加以推测。

　　Q　现在我们知道了现代汉语诸方言是有利于还原中古音的一个关键,而关于外国的汉字音在"重纽"里也得到了解释。那么还有别的吗?

　　A　关于外国的汉字音,之前提到过几次,这里就不再说了。但是,采用外来汉字音的国家(日本、朝鲜、越南)的音韵体系以及语音特征,和汉语原音是完全不同的。汉语发音在各自的国家被吸收后发生了音韵变化,有的发音和原来出入较大,这是我们遇到外国的汉字音时需要注意的。

　　另外还有一个需要补充的,就是所谓的"对音资料"。在第一节杜牧的《江南春》里,我们提到了第三句"四百八十寺"的"十"训读不是"ジフ"而是"シン"。让小川环树对这个"十"念"シン"产生疑问并解开这个谜团的,是藏文转抄汉字音的敦煌出土文献。其证明了在某种情况下"十"被音译成"sim"。像这样用外文的表音文字来书写汉字音的资料里,有根据藏文的"汉藏对音"和在翻译佛教经典时把古代梵文音译成汉字——例如 Amitayus(阿弥陀)、Sakya(释迦)——的"梵汉对音"。这些对于探寻比中古音略晚出现的唐音来说,是十分珍贵的资料。

上面就是在讲述复原中古音的具体方法之前要交代的事情。

复原的具体案例——方法和过程

Q 那么就请具体说一下中古音的复原方法。

A 那么我们就说一下中古音的声母和韵母的音值的复原吧——其实就是用复原、再构造等词描述的操作方法。当然我们无法把三十六个声母和二百零六个韵母都一一说过来。这里权且以声母中归为舌根音(日语做"牙音")的"见、溪、群、疑"(参照第 156 页)为例进行说明。先说结论,它们依次被复原成 k-、k'-、g-、ng-。"见、溪"等声母是如何复原到 k-、k'-的,接下来我们将对这个过程进行说明。

这个复原分成两个步骤。第一步是调查中古音的"见、溪、群、疑"母在汉语方言以及外国的汉字音里是如何发音的。在得出结论后进入第二阶段。在这个阶段,把第一阶段调查到的结果结合留存至今的古代文献,以此为依据尝试对中古音音值的复原。

那么我们就开始第一阶段的工作吧。在这里为了方便,我们在诸方言里以北京话作为第一个线索。中古音的"见、溪、群、疑"母在北京话里是怎么样的,我们先整理一下。

首先,我们发现,在中古音里被称为"见"母的声母,其汉字在北京话里分成两种。第一种是高 gāo、古 gǔ、工 gōng(标音符号基于汉语拼音)

之类无介母，均发成 g-(音标为[k])的字。而第二种则是家 jiā、九 jiǔ、界 jiè 这类有拗音(介母为-i-)，均发成 j-(音标为[tɕ])的字。以上是关于"见"母的总结。

接下来是"溪"母。这个在北京话里也分成两种。第一种是可 kě、枯 kū、开 kāi 之类无介母音，均发成 k-(音标为[kʻ-])的字。第二种则为巧 qiǎo、丘 qiū、去 qù 这类有拗音，均发成 q-(音标为[tɕʻ])的字。

Q 中古音的"见"母在现代北京话里，如果是无介母的话为 g-，有拗音的话为 j-，而"溪"母同样，也分为直音和拗音，直音发 k-，拗音发 q-音。那么接下来的"群"母是否也是分成这两种呢？

A 不是。不会这样批发出售的。这就是语言变化复杂而又有趣的一面。"群"母虽然同是舌根音(牙音)，但是它和"见、溪"母有所不同。通过整理我们发现，在"见、溪"母里完全不相干的声调，在"群"母里成为一个要素。之前我们已经介绍过中古音里有平、上、去、入这四声，而上、去、入这三声归为仄声(参照第 21 页)。在北京话里以"群"母为声母的音节，根据其声调是平声还是仄声先分成两种。然后两组音节再分出直音(无介母音)和拗音(介母为 i)的发音。

看一下具体例子吧。首先，在中古音里为平声的逵 kuí、葵 kuí、狂 kuáng 等直音字发音为 k-(音标为[kʻ])，奇 qí、桥 qiáo、渠 qú 之类有拗音的发音为 q-(音标为[tɕʻ])。另一方面，中古音里为仄声调的字中，柜 guì、跪 guì 等直音字发音为 g-(音标为[k])，近 jìn、及 jí、巨 jù 等有拗音的发音为 j-(音标为[tɕ])。稍微有点复杂，但是这就是北京话里"群"母所反映出来的情况。

最后是"疑"母。这个却简单到让人感到无趣。不管是我 wǒ、五 wǔ、外 wài 等直音字还是牙 yá、鱼 yú、月 yuè 之类的拗音字，声母都为零(w-、y-为半元音)。

以上就是关于北京话——即中古音的舌根音与北京话的声母是如

第四节　还原古代音——用唐代音诵读杜牧的《江南春》

何对应的——所做的整理。具体归纳如图 30。

「疑」母	「群」母	「溪」母	「见」母	中古音	北京话
ø	k g	k	g	平仄	直音
	q j	q	j	平仄	拗音

图 30

从这个图我们可以发现，音韵的对应关系还是很有规律的。中古音里的一个音在北京话里分成两个（以上）音的时候，里面一定会有决定分法的前提条件。比如中古音的"见"母在北京话分成 g-和 j-，"溪"母分成 k-和 q-，根据音节本身是直音还是拗音就已经决定了分的方向。至于"群"母，音节是平声还是仄声的，再加上其是直音还是拗音，决定了如何分类。就这样，随着时间的推移和与之同步发生的音韵变化，我们可以看到和音韵有关的一些特定条件。正因为音韵的变化是有规律的，所以还原古代汉语音才成为可能。

Q　关于音韵变化的条件和规律在第一章就已经学习过了，通过这几个例子更加明白了。也就是说在相同条件下就有相同的变化吧。

A　是的。不过也有不按规律出现的例外。发生例外一定是有各种背景或原因的，但是为什么会发生这样的例外，如果能够弄清其原因，那么就能更精准地还原发音了吧。

接下来我们就要进入第二阶段。现在举例推断了中古音中"见、溪、群、疑"母的音值。在这之前还有一句很重要的话要说，就是接下来要推断的音值必须满足以下条件：

第一，能充分说明到现代音的变化途径以及外国汉字音的情况；

第二,推断的音值互相之间能明确地区分开来;

第三,这些音构成了一个完整的框架。

此三点希望众位能够铭记在心。

首先是"见"母和"溪"母。从结论讲我们可以推断"见"母为k(不送气清音,拼音为g)、"溪"母为k'(送气清音,拼音为k)。为什么可以这样推断呢?因为这些发音不仅从北京话,即使和其他的现代方言以及外国汉字音相对应,也被认为是最恰当的。

另外正如前面所说,在北京话里直音和中古音的发音是相同的,但是如果是拗音,"见"母就变成j[tɕ],"溪"母为q[tɕ']了。这又是为什么呢?我们可以解释为,因为受到紧随其后的类似i的发音的影响,k、k'发生颚化——在发某个音的时候,舌尖抵到上颚附近(参照第139页)——g变成了j、k变成了q。也就是说,我们可以假设中古音的"见"母是k,"溪"母是k'(参照图31)。接下来我们对"群"母的发音进行推断吧。

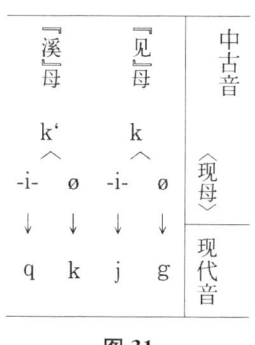

图 31

Q 稍微问一下,刚才我们了解了推断中古音"见"母、"溪"母发音的方法。也就是说,即使在现代音里是区别开来的、分成两种的,只要满足一定的条件,是可以归纳为一个的。原来如此。在第一阶段整理中古音和现代北京话的对应关系的时候,"见、溪"母暂且不说,"群"母还是有点复杂的。那么在复原"群"母的中古音的时候,是无法用常规手段解决的吧?

A 的确如此。"群"母音不同于"见、溪"母音。前面图30所示的根据北京话整理出来的和中古音对照的图不适用于"群"母音。对于"群"母音来说,不是北京话,而是苏州话、上海话、杭州话之类的吴方言反而能够帮上忙。所以,就像这样,有的解决手段是隐藏在北京话以外的方言里。在吴方言里"见"母和"溪"母发音的对应关系和北京话一样,但是"群"母音却完全不同。我们来看看具体怎么回事。"群"母在吴方言里为直音(即没有介音)音节时,为送气浊音[gʰ](无法用拼音书写,类似日语グ的音),而为拗音(介音为i)音节时,则为类似[dzʰ]一样的送气浊音(无法用拼音书写,类似日语ズ的音)。可以认为[dzʰ]和"见、溪"母的情况一样,是因为拗音的介音i的腭化所造成的。而"群"母音在日语的吴音(注32)里是群(グン)、求(グ)、近(ゴン)的发音,是用浊音ガ行来标识的。因此,根据中国的吴方言以及日语的吴音推断出了中古音的"群"母发音是浊音的g。

话说回来,"群"母音在吴方言里还保留了其浊音的发音,但是其他绝大多数的现代方言里浊音已经清音化,在向"见"母(k)或"溪"母(kʰ)靠拢。在日语里这些汉音(注33)写成群、求、近这样的清音,我们可以推断是因为唐朝长安音里浊音发生了清音化的原因(如b→p、d→t、g→k)。

Q 中古音的"群"母音的浊音发音在遥远的日本的吴音里得到了保留,而它的清音化在汉音里也能得到反映。这一点让人非常吃惊。那么最后一个"疑"母音在第一阶段根据调查发现其在北京话里声母为零,所以在中古音里"疑"母音也为零吗?

A 这倒不是。它在中古音里并不是零声母。那么就让我们来复原它的发音吧。其实这个音值只依赖先前的图30也是无法复原的。倒是中国南方的诸方言是推断"疑"母音的手段。观察吴方言,我们发现很多直音(没有介音)音节和[ŋ](英语里的sing[siŋ])、拗音(即介音为i)音节和[ɲ](参照第143页)相对应。[ɲ]应该是因为拗音介音i的颚化的缘故吧。而在福建省的福州方言里，不管音节是直音还是拗音都和[ŋ]对应。

153 　　在推断"疑"母音的时候，《韵镜》起到了很大作用。在《韵镜》里"疑"母音和"见、溪、群"母音一样都被视为舌根音。这就意味着"疑"母音的发音部位和"见"母是相同的。另外在《韵镜》里，"疑"母音被认为是清浊音（参照第169页注13），而其他被认为是清浊音的如"明"母音的 m、"泥"母音的 n，皆为鼻音。由此，从现代汉语诸方言以及《韵镜》看，"疑"母音的中古音和"见(k)、溪(k')、群(g)"母音的发音部位相同，如果为鼻音的话，就只有 ng[ŋ]了。也就是说，我们推断中古音"疑"母音为 ng 是比较适合的。

　　这个中古音如图32所示。我们可以推测它在福州方言里完全保留了下来，在吴方言里如果是拗音节的话，因为颚化变成了[ɲ]，而在北京话里则已经完全消失为零了。还有像牛 niú、凝 níng、逆 nì 这种，虽说在中古音里是"疑"母音，但在北京话里却并没有消失为零，而是为[n]的少数几个例外——这些字在日语汉字音里，由左至右分别为"ギュウ""ギョウ""ギャク"（不是ナ行而是ガ行）——对于这一现象可以解释为，类似吴方言[ɲ]的音被"借用"来表示[n]。

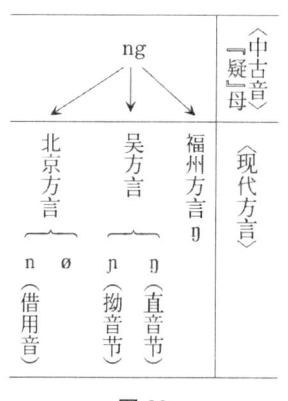

图32

第四节　还原古代音——用唐代音诵读杜牧的《江南春》

"借用"是指某个语言（方言）的说话人通过接触别的语言（方言），挖掘出了之前在自己语言（方言）里没有的要素——词汇、意思、语法、音韵等。就像前面出现的那样，"借用"也会出现不符合音韵对应规则的现象。因此，在面对复原音的时候"借用"也是不得不考虑的因素。

以上以舌根音为例说明了推断中古音音值的方法，这种方法也适用于其他声母和韵母。但是这里对舌根音的推断相对来说还是比较简单的，多数场合会更复杂，需要更多资料。由于时间的关系无法全部讲到，但是对于推断音值的基本原则、过程，我想应该是讲明白了吧。

中古音、唐代长安音的音值

Q　听刚才的介绍，感觉就像在看推理小说一样。对遗留在犯罪现场的物品进行彻底清查和筛选，收集能够推断出犯人的证据，而另一头则通过对周边人员的寻访获取信息，然后再综合信息对罪犯的实际长相作出判断。这个真的和查找犯罪证据有异曲同工之处啊，真的很有趣。啊呀，不好意思，这样随随便便地进行了总结。

那么还是回到提问吧。就像已知的那样，在老老实实做了这些操作后，中古音的体系如何被还原呢？

A　终于我们要接近最后的大结局了。让我们看一下被还原的中古音（声母和韵母）吧。这里介绍河野六郎《朝鮮漢字音の研究》里的音值。关于韵母，在被认为能反映唐代长安音的《慧琳音义》（参照第 16 页）上可以窥见韵的统合。而河野先生则对声母提出了几点疑问，即转写音大部分是运用了高本汉的再构音，但是对于每个具体的音值既有具有争议的，也有发生了历史性变化的东西。所以，在这里所能看到的音值无论如何也只是一种对应，还应该有很多值得商榷的地方。下面就是一览表。

◎ 声母

（排列顺序模仿《韵镜》，标示也是把 bʻ、vʻ、dʻ 等送气浊音像 b、v、d 那样重新标为不送气浊音。另外，《韵镜》的三十六字母中没有正齿音二等的四母音和喉音"羽"母音。）

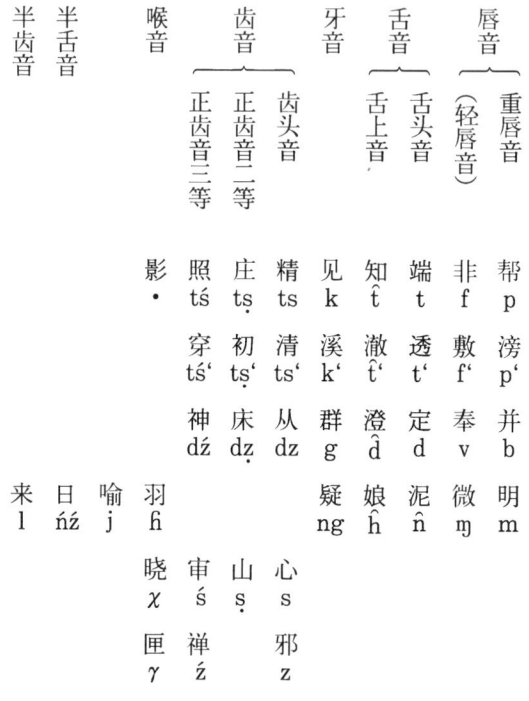

第四节 还原古代音——用唐代音诵读杜牧的《江南春》

◎ 韵母

（用平声的韵目来代表。韵的种类分组以及排列顺序参照河野先生所著。另外入声韵未附记［注 34］。这是因为平、上、去韵的-n 对应-t,-ng 对应-k,-m对应-p,这样自然就能得出其音值。例:an→at、ang→ak、am→ap）

○ A 韵类一等（主元音为后舌元音的 â）

	『慧琳』	『切韵』	
	寒 -ân	寒 -ân	〈开口〉
	覃 -âm	⎧ 覃 -ậm ⎩ 谈 -âm	
	唐 -âng	唐 -âng	
	歌 -â	歌 -â	
	哈 -âi	⎧ 哈 -ậi ⎩ 泰 -âi	
	豪 -âu	豪 -âu	
	桓 -uân	桓 -uân	〈合口〉
	唐 -uâng	唐 -uâng	
	戈 -uâ	戈 -uâ	
	灰 -uâi	⎧ 灰 -uậi ⎩ 泰 -uâi	

○ A 韵类二等（主元音为前舌元音的 a,另外,-ng 颚化成 -ng,注 35）

	『慧琳』	『切韵』		『慧琳』	『切韵』
	删 -an	⎧ 删 -an ⎩ 山 -ǎn		删 -ʷan	⎧ 删 -ʷan ⎩ 山 -ʷǎn
	衔 -am	⎧ 衔 -am ⎩ 咸 -ǎm			
	庚二 -ań	⎧ 庚二 -ań ⎩ 耕 -ǎń	⟨开口⟩	庚二 -ʷań	⎧ 庚二 -ʷań ⎩ 耕 -ʷǎń	⟨合口⟩
	江 -ang	江 -ång			
	麻二 -a	麻二 -a		麻二 -ʷa	麻二 -ʷa
	佳 -ai	⎧ 佳 -ai_α ⎨ 夬 -ai_β ⎩ 皆 -ǎi		佳 -ʷai	⎧ 佳 -ʷai_α ⎨ 夬 -ʷai_β ⎩ 皆 -ʷǎi
	肴 -au	肴 -au			

第四节　还原古代音——用唐代音诵读杜牧的《江南春》

○ A 韵类四等以及三等_甲_

	『慧琳』	『切韵』	
	仙_甲_ -i̯an	⎧ 先 -en ⎨ ⎩ 仙_甲_ -i̯än	
	盐_甲_ -i̯am	⎧ 添 -em ⎨ ⎩ 盐_甲_ -i̯äm	
	清 -i̯anǵ	⎧ 青 -enǵ ⎨ ⎩ 清 -i̯änǵ	〈开口〉
	祭_甲_ -i̯ai	⎧ 齐 -ei ⎨ ⎩ 祭_甲_ -i̯äi	
	阳_甲_ -i̯ang	阳_甲_ -i̯âng	
	麻_三_ -i̯a	麻_三_ -i̯a	
	宵_甲_ -i̯au	⎧ 萧 -eu ⎨ ⎩ 宵_甲_ -i̯äu	
	仙_甲_ -i̯ʷan	⎧ 先 -ʷen ⎨ ⎩ 仙_甲_ -i̯ʷän	
	清 -i̯ʷanǵ	⎧ 青 -ʷenǵ ⎨ ⎩ 清 -i̯ʷänǵ	〈合口〉
	祭_甲_ -i̯ʷai	⎧ 齐 -ʷei ⎨ ⎩ 祭_甲_ -i̯ʷäi	

105

○ A 韵类三等$_\text{乙}$以及三等 f(三等 f 是因为发生了轻唇音化,即 p-变成了 f-,"元・严/凡・阳$_\text{乙}$・戈$_\text{三}$・废"韵)

	「慧琳」	「切韵」	
	仙$_\text{乙}$ -i̯an	仙$_\text{乙}$ -i̯än / 元 -i̯ɐn	〈开口〉
	盐$_\text{乙}$ -i̯am	盐$_\text{乙}$ -i̯äm / 严(凡) -i̯ɐm	
	庚$_\text{三}$ -i̯ang̊	庚$_\text{三}$ -i̯ang̊	
	阳$_\text{乙}$ -i̯ang	阳$_\text{乙}$ -i̯âng	
	戈$_\text{三}$ -i̯a	戈$_\text{三}$ -i̯â	
	祭$_\text{乙}$ -i̯ai	祭$_\text{乙}$ -i̯äi / 废 -i̯ɐi	
		宵 -i̯äu	
	仙$_\text{乙}$ -i̯ʷan	仙$_\text{乙}$ -i̯ʷän / 元 -i̯ʷɐn	〈合口〉
	庚$_\text{三}$ -i̯ʷang̊	庚$_\text{三}$ -i̯ʷang̊	
	阳$_\text{乙}$ -i̯ʷang	阳$_\text{乙}$ -i̯ʷâng	
	戈$_\text{三}$ -i̯ʷa	戈$_\text{三}$ -i̯ʷâ	
	祭$_\text{乙}$ -i̯ʷai	祭$_\text{乙}$ -i̯ʷäi / 废 -i̯ʷɐi	

第四节 还原古代音——用唐代音诵读杜牧的《江南春》

○ B 韵类（把 A 韵类以外的韵归为一类）
▽a 层

	『慧琳』	『切韵』	
	痕 -ən	痕 -ne	〈开口〉
	登 -əńg	登 -əńg	
	侯 -əu	侯 -əu	
	东 -ung	{ 东 -ung 冬 -ong }	
	模 -u	模 -o	
	魂 -wən	魂 -wən	〈合口〉
	登 -wəńg	登 -wańg	

▽b层

『慧琳』	『切韵』	
真甲 -iən	真甲 -i̯ĕn	〈开口〉
侵甲 -i̯əm	侵甲 -i̯əm	
蒸甲 -i̯əńg	蒸甲 -i̯əńg	
脂甲 -i̯əi	支甲 -i̯ĕ / 脂甲 -i̯ĕi / 之甲 -i̯əi	
脂ᵈ -ʔəi (?)	支ᵈ -i̯ĕ / 脂ᵈ -i̯ĕi / 之ᵈ -i̯əi	
尤甲 -i̯əu	幽甲 -i̯ĕu / 尤甲 -i̯əu	
东三甲 -i̯ung	东三甲 -i̯ung	
钟甲 -i̯oŋ	钟甲 -i̯oŋ	
虞甲 -i̯ü	虞甲 -i̯u	
鱼甲 -i̯ö	鱼甲 -i̯o	

▽c层

	『慧琳』	『切韵』	
真₂	-ĩən	真₂ -ĩĕn 欣 -ĩən	〈开口〉
侵₂	-ĩəm	侵₂ -ĩəm	
蒸₂	-ĩəńg	蒸₂ -ĩəńg	
脂₂	-ĩəi	支₂ -ĩĕ 脂₂ -ĩĕi 之 -ĩəi 微 -ĩəi	

尤₂	-ĩəu	尤₂ -ĩəu
东₃	-ĩung	东₃ -ĩung
钟₂	-ĩong	钟₂ -ĩong
虞₂	-ĩü	虞₂ -ĩu
鱼₂	-ĩö	鱼₂ -ĩo

109

▽d 层

	『慧琳』	『切韵』	

谆甲 -i̯ʷĕn　谆甲 -i̯ʷĕn

脂甲 -i̯ʷəi　{ 支甲 -i̯ʷĕ / 脂甲 -i̯ʷĕi }　〈合口〉

谆乙 -i̯ʷən　{ 谆乙 -i̯ʷĕn / 文 -i̯ʷən }

蒸乙 -i̯ʷəńg　蒸乙 -i̯ʷəńg

脂乙 -i̯ʷəi　{ 支乙 -i̯ʷĕ / 脂乙 -i̯ʷĕi / 微 -i̯ʷəi }

中古音的音韵体系进入唐朝后开始发生很大的变化,这个通过《慧琳音义》中的反切和流传到国外的汉字音、对音资料等得到了证实。

看一下声母。一、发生了浊音的清音化。比如 b→p、d→t、g→k 等。就像"并"母(b-)的"步"在日语吴音里是ブ[bu]这样的浊音,但是汉音则变成了ホ[ho],很显然这是汉语里发生了浊音清音化的缘故。二、发生了鼻音声母的脱鼻音化的现象。比如 m→mb→b、n→nd→d 等。就像"明"母(m)的"米"在日语吴音为マ行,但是到了汉音则变成了バ行音了。很显然这就是发生了脱鼻音的结果。如:新米(吴音)、米国(汉音)、次男(吴音)、男子(汉音)。三、发生了轻唇音化的现象。比如 p→f 等。

韵母如同刚才的一览表所显示的那样,发生了很多合并。

第四节 还原古代音——用唐代音诵读杜牧的《江南春》

唐代长安音的声调是怎样的

Q 那么声调是怎样的呢？和现代汉语的四声相似吗？

A 不，据推测和现在的声调有很大差别。声调毋庸置疑，简单地说就是覆盖在音节上的具有高低升降功能的一种语调。从六朝开始在中古音、唐代音中就已经有了平声、上声、去声、入声这四个声调，也就是所谓的"四声"。这个我们还可以从《切韵》系韵书都是根据四声来分卷这一现象中得到解读。但是四声分别都是怎样的声调呢（我们把实际的声调称为"调值"）？就算我们把以-p、-t、-k音结尾的入声音分开解读，其他的音其实也不是很清楚。即使像刚才所说的用推断音值的方式去复原，由于现代汉语的方言调值实在太多，要想由此来找寻其原来的样子，实属困难。虽然越南语和汉语一样具有声调，但要想通过查找传入越南语中的汉字音读音的方法来找寻其原来的样子，现实是由于缺乏有力的资料而无法推进。

如此看来，推断中古音的声调调值的工作寸步难行。不过幸运的是，记载有关唐朝时期的声调调值的文献资料还是留存了下来。简单地说，就是在延历寺僧侣安然（841—902）的《悉昙藏序》（880年）里，有一段记录了当时从中国来的人以及留学生们关于四种声调的描写。虽然解读原文非常艰难，但是还是很有参考价值（注36）。另外，据说传入天台宗、真言宗的用汉音念的唱颂经文（即佛教徒在佛前颂唱的赞扬佛德的音乐）中每个文字都根据声调的调值标注了曲调，所以还可以利用这个来推测调值。事实上，确实有学者根据颂经文来研究唐代的声调调值。比如赖惟勤（1922—1999）、金田一春彦（1913—2004）等（注37）。根据这些研究，我们大概了解了唐朝时期声调调值是怎样的，但是还有很多地方值得我们深入考究。诚然，本书的重点是把杜牧的诗用唐代音复原，所以不能用声调不清楚以后再说来搪塞。因此，笔者准备结合前面介绍的研究成果，再加上平山久雄复原的唐代音来尝试（注 38）。

　　平山把调值分为阴调（声母为清音）和阳调（声母为浊音）。然后把调值通过图表及五段式数值的方式标识。最低调的为 1，最高调的为 5。比如标为 15，即为从 1 的调值向 5 的调值升的意思。如图所示。另外，入声则发成短促音。

〈平声〉		〈上声〉		〈去声〉		〈入声〉	
˧ 33	阴调	˥ 55	阴调	˨˥ 25	阴调	˥ 55	阴调
˩ 11	阳调	˧˥ 35	阳调	˩˦ 14	阳调	˩ 11	阳调

　　此外，虽然平山指出这个调值体系为一种"假设"，有可能存在问题，其中的推测系"自己的假想甚至带有个人喜好"，"中间有相当多的部分系自己的恣意判断"，但是笔者认为还是十分值得参考的，因此使用了平山推测出来的调值（本书重新标识为音谱样式）。

用长安音诵读杜牧的《江南春》

　　Q　我们终于看到唐朝时期长安音是什么样子了。请赶快告诉我们用长安音诵读出来的杜牧《江南春》吧。

　　A　让您久等了。那么我们就来揭晓用长安音诵读的《江南春》吧。同时还标注了现代汉语的发音，还原出来的长安音同时还用片假名标识。

第四节 还原古代音——用唐代音诵读杜牧的《江南春》

qiān 千 ts'iɐn平 ツィアン	lǐ 里 liəi上 リィイ	yīng 莺 ·ɐng平 ·アン	tí 啼 diɐi平 ディアイ	lǜ 绿 liok リォッ(ク)	yìng 映 ·iɐng去 ·イアン	hóng 红 γung平 グン
shuǐ 水 śiwei上 シュイ	cūn 村 ts'wən平 ツゥン	shān 山 sɐn平 シァン	guō 郭 kuɐk クヮッ(ク)	jiǔ 酒 tsiəu上 ツィウ	qí 旗 giəi平 ギィイ	fēng 风 fiung平 フゥン
nán 南 ndɐm平 ダム	cháo 朝 d̂iɐu平 ディアウ	sì 四 siəi去 スィイ	bǎi 百 pɐk パッ(ク)	bā 八 pat パッ(ト)	shí 十 źiəm平 ジィム	sì 寺 ziəi去 ジィイ
duō 多 tâ平 タア	shǎo śiɐu上 シィエウ	lóu 楼 ləu平 ロォウ	tāi 台 dâi平 ダイ	yān 烟 ·iɐn平 ·イアン	yǔ 雨 ɦiü上 イユ	zhōng 中 t̂iung平 チュン

其实，把我们解读出来的能够反映为唐代长安音的汉字原样标识出来也可以。但是就算用汉音标识，从音韵构造看，比如汉语原音的-ng我们都标识为ウ或イ（参照第41页），也没有把原音反映出来。基于这一点，为了能够更贴近原音，本人擅自在汉音的基础上增加了一些要素，这就是大家看到的片假名标识。当然这样做也是有限的。其中或许会有错误或不准确，只是希望尽可能把它作为近似音标识出来。需要说明的是，在假名的标识中，ン对应-n[-n]，ン对应-ng[-ŋ]；カ'、タ'的"'"对应的是有气流冲出来的有气音；シチ等带有⌒的系舌尖靠近上腭的卷舌音；而ヴ是拉丁字母V的音（下前齿轻叩上唇）；ア ウ等的"·"不发音，是一种喉头紧张的"塞音"；像ティアウ、クゥア中的"ィ""ゥ"，比如"流"不是"リ·ユ·ウ"而是像"リュウ"这样要发短而轻的过度音。另外，入声音的-p、-k、-t分别用（プ）（ク）（ト）对应标识，但是这并不要求发得很清楚，而应是短而轻的音（注39）。

综上所述，和用现代汉语相比，用当时的读音诵读又是一种不同的风情。唐诗被认为是要合着音念更能增加韵味。所以用日语的训读或者现代音读虽然也不错,但是用我们推测出来的当时的长安音吟诵,是否更能让我们仿佛回到了当时诗人以及诗人所在的唐朝的那片土地呢?来试试看吧。

注

第一节

(1) 参照一海知义《漢詩入門》(岩波新书,1998年,岩波书店)。

(2) 汉语音节由五部分组成。分别为:辅音"I"(Initial Consonant),介音"M"(Medial,位于主元音前面,起到补助作用的-i-类和-u-类两种),主元音"V"(Principal Vowel),尾音"F"(Final Consonant),声调"T"(Tone)。用公式表示的话就是"IMVF/T"。以现代汉语(普通话)tiān为例,t是I,i是M,a是V,n是F,元音a上面的符号-是T。tā是IV/T,此处M和F空缺。jiā是IMV/T,此处F空缺。

在汉语音韵学中,音节分成两部分,I称之为"声母",MVF/T称之为"韵母"。

(3) 汉字音,毋庸置疑就是指在中国诞生的汉字的读音。汉字传到了日本、朝鲜、越南后,分别根据各个国家的语音结构诞生了自己的汉字音。在汉字文化圈各国所诞生的汉字音属外国汉字音,所以就有"日本汉字音""朝鲜汉字音""越南汉字音"。这些汉字音不同于汉语,因为它们是要被移植到具有不同音韵构造、不同语音结构的语言中去,所以它们的发音发生了不同于汉语的变化。此外,随着被移植国家的语言在历史上发生的音韵变化,这些汉字音自身的发音也出现很大的不同。

日本的汉字音由于发生过多次移植,除了有"吴音"(六朝时期江南一带的发音)、"汉音"(唐朝长安音)外,还有"唐音"(也叫做"宋音",南宋时期的杭州音?)。比如"行"的吴音是ギヤウ(ギョウ),汉音是カウ(コウ),而唐音是アン。调查发现,虽然日本、朝鲜、越南都使用汉字,但是由于接纳程度不同,从系统上看朝鲜和越南的汉字音应该比较清晰地反映了唐朝的长安音。

(4) 参照黄淬伯《慧琳一切经音义反切考》(1930年,历史语言研究所)、河野六郎《朝鮮漢字音の研究》(原1968年,《河野六郎著作集2》1979年,平凡社收)。

(5) 参照小川环树《南朝四百八十寺の読み方——音韻同化assimilationの一例》(原1960年,《中国語学研究》1977年,创文社收)。

第二节

(6) 参照一海知义《漢語の知識》(岩波新书,1981年,岩波书店)。

补充说明一下叠韵。叠韵是指韵母相同而声母不同字的组合(参照第52页)。所谓韵母在注2也提到过,即为MVF/T的总称。但是此处作为叠韵的例子所举的"长"和"江","长"没有M(介母)的-i-,而"江"有。由此可见,叠韵押韵与汉语音韵学的学术领域还是有所不同,有时可以不考虑是否有介母。

(7) 译注书里有宇都宫清吉的《顔氏家訓》(《中国古典文学大系 九》1969年,平凡社收)。

(8) 译注书里有兴膳宏的《文鏡秘府論》(《弘法大師空海全集》第五卷,1986年,筑摩书房收)。

另外,本文略去的"调四声谱"的具体内容也可以参照这本译注书。

（9）参照马渊和夫《日本韻学史の研究》Ⅰ（1962 年，日本学术振兴会）。

（10）我们在发日语的ア、イ、ウ等元音时，如果根据舌头上下位置不同来分类的话，对于把舌头压在最低位置的音称为"宽元音"。那是由于舌头位置低的话，舌头和上颚之间的空间就大了。日语里的"ア（国际音标为[a][ɑ]的）"即为宽元音。相反，在发元音的时候舌头位置较高，这样的元音称为"窄元音"。那是因为舌头位置高的话，舌头和上颚之间的空间就窄了。日语的イ[i]、ウ[u]（关西方言）、法语的 si[si]（假如）、lune[lyn]（月亮）、tout[tu]（所有）、德语的 über[ýːbər]（在上面）等都是窄元音。

（11）等韵学术语。韵图里根据韵母的直、拗（参照第 136 页）和主元音的宽、窄（参照注 10）分类的范围叫做"等位"。这个等位分成一、二、三、四等，总称为"四等"。

一等・二等・三等・四等
<u>　　　拗音类　　　</u>
（宽）←主母音→（窄）

"四等"根据有没有介母的拗音要素 i 类，分成"直音韵母"（一等和二等）和"拗音韵母"（三等和四等）。然后再根据主元音开口度细分。所以一等到二等、三等、四等的顺序也可以理解为开口由大到小的变化过程。

（12）《等韻図と韻海鏡源——唐代音韻史の一側面》（原 1953 年，《中国語学研究》1977 年，创文社收）。

（13）等韵学术语。根据发音方法（manner of articulation）的不同对声母（开头的辅音）进行的一种分类。清音有清和次清两种，浊音也有浊和清浊两种。简单地说，就是《韵镜》的"清"——等韵学里称为"全清"——是清音[p][t]（拼音为 b、d），"次清"是送气清音[pʻ][tʻ]（拼音为 p、t）；而"浊"——等韵学里称为"全浊"——是浊音[b][d]，"清浊"——等韵学称为"次浊"——是鼻音[m]、边音[l]、半元音[w][j]。

117

第三节

(14) 参照赖惟勤监修的说文会编《說文入門》(1983年,大修館书店)。

(15) 科举,是中国古代录用高级官员的一种考试制度,从隋代开始,清末遭到废除。唐朝的《大唐六典》中提到科举有六科,比如秀才、明经、进士等。到了宋朝,科举制度得到改革,废除了进士科以外的科目,因此科举就变成了只有进士科的考试,直至明清时期。

宋朝以后科举分成三个阶段,即乡试、会试、殿试,但是到了清朝这个制度变得极其复杂。清朝时期,要想成为进士,也就是要想成为官僚,首先要在县举办的"县试"、府举办的"府试"以及相当于正式考试的"院试"——以上这些叫做童试——都合格,这样才能获取"生员(公历学校的学生)"的身份,然后再参加真正的科举"乡试",通过的人称为"举人"。之后举人还必须通过"举人履试""会试""会试履试""殿试"。而"乡试"作为最难关,据说只有1%的通过率。具体请参照宫崎市定的《科举史》(原1945年,《東洋文庫》1987年,平凡社)以及村上哲见《科舉の話》(《現代新書》1980年,讲谈社)。

(16) 下述记载参考了吉田纯一《段玉裁の経学——学問と生涯》(《東洋文化研究所紀要》第九十八册,1985年),刘盼遂《段玉裁先生年谱》(《段玉裁遗书》1977年,大化书局收)。

(17) 参照注15。

(18) 参照注15。

(19) 参照注15。

(20) 参照注15。

(21) 然而"因声求义"的主张并不是清朝学者的首创,早在宋末元初戴侗(生卒年不详)的《六书故》以及明末方以智(1611—1671)的《通雅》

里就已经谈及。但是古音的研究在那个年代还未发展，所以也无法实现真正意义上的"因声求义"。要让"因声求义"的原则确实得到运用，必须要等到段玉裁、王念孙等人出现的那个时代。戴震在给段氏的《六书音均表》写的序里，对这本书的问世用了"不惟字得其古人音读，抑又多通其古义"，应该说是讲得很正确的。

（22）连绵词除了包括双声词，比如参差、恍惚，还有叠韵，比如窈窕、荒唐，以及非双声非叠韵的，比如狼狈、滂沱等。其他还有外来词的音译部分，比如葡萄、琵琶。

第四节

（23）原题为 Etudes sur la phonetique historique de la langue annamite, Les initials, BEFEO, 12, 1912.

（24）原题为 La dialecte de Tch'ang-ngan sous les T'ang, BEFEO. 20, 1920.

（25）原题为 The Reconstruction of Ancient Chinese, TP, 21, 1922.

（26）具体请参照赖惟勤监修的说文会编《中國語音韻研究文献目録》(1987年，汲古书院)之"四·二 高本漢(B.Karlgren)""四·二·五附 カールグレンをめぐる論争年表"，赖惟勤《中國音韻史の研究の解説》(《万葉集大成 言語篇》1955年，平凡社收)。

（27）原1937—1939年，《国語音韻史の研究》1957年，三省堂收。

（28）原1939年，《河野六郎著作集2》1979年，平凡社收。

（29）《韵镜》分为一等、二等、三等、四等这四个大框架（参照注11）。纳入《韵镜》的所有音韵（《广韵》的二百零六韵），都根据其音韵的特征分类，在图表里显示在其对应的位置上。在一等的那一栏自然是"一等韵"，二等的那一栏自然是"二等韵"。然而，对于三等、四等，除了有只对应三等的韵，如微、废、欣（迄）、元（月）等，和只对应四等的韵，如先（屑）、齐、萧等,还有既可以归在三等也可以归在四等的韵,比如支、脂、宵、仙(薛)、盐(叶)。因此为了区分,分别有"三等专属韵"(也叫纯三等韵)、"四等专属韵"(也叫纯四等韵)以及"三、四等双属韵"的不同称呼。问题的重纽,就是"三、四等双属韵"的声母为"唇、牙、喉"的音。

（30）关于重纽的论述主要有:一、如有坂、河野那样认为重纽是介母的不同的,还有陆志韦《古音说略》(《燕京学报》专号之二十,1947年)、王静如《论古汉语之腭介音》(《燕京学报》三十五期,1948年)、李荣《切韵音系》(1952年,中国科学院,1956年新版,科学出版社)等;二、认为重纽在于主元音的宽窄不同的有 Paul Nagel: Beiträge zur Rekonstrukiton der 切韵 Ts'ieh-yün Sprache auf Grund von 陈澧 ch'en Li's 切韵考 Ts'ieh-yün-K'au, TP.2 - 36, 1941、董同和《广韵重纽试释》(原1945年,《史语研集刊》十三本,1948年)、周法高《广韵重纽的研究》(原1945年,《史语研集刊》十三本,1948年);三、从音韵论的角度解释重纽,按声母音素不同查找,这样的研究有三根谷彻《韻鏡の三・四等について》(《言語研究》22、23,1953年)。

（31）下面的"推断实际发音(音值)的根据""还原工作的实例"皆出自平山久雄的《中古漢語の音韻》(《中國文化叢書① 言語》1967年,大修馆书店收)。

（32）有关汉音、吴音参照注3。

（33）有关汉音、吴音参照注3。

（34）对应到关于平、上、去声韵(下面以平声的韵目为代表)的入声韵的韵目依次如下。东(平声韵)・屋(入声韵)、冬・沃、钟・烛、江・觉、真・质、谆・术、臻・栉、文・物、欣・迄、元・月、魂・没、寒・曷、桓・末、删・鎋、山・黠、先・屑、仙・薛、阳・药、唐・铎、庚・陌、耕・麦、清・昔、青・锡、蒸・职、登・德、侵・缉、覃・合、谈・盍、盐・叶、添・怗、咸・洽、衔・狎、严・业、凡・乏。

（35）河野先生把中古音的韵尾,在之前的-ng(-k)之外,又增设了

-ng(-k)。河野先生指出:"虽然相对于 velar 软腭音-ng(-k)——即在后舌和软腭之间发出的音,如[k][g][ŋ]等,palatal 腭音-ńg(-k)——即前舌和硬腭之间(舌面中音)发出的音,如[ɲ](法语中的 montagne)、[ç](德语的 ich 等音)——的存在并未被承认,但是把二者区别开来对于说明和上古音的关系以及近代音的发展变化是很有利的。"同时河野还指出,对于 A 组的"唐、江、阳"和 B 组的"东、冬、钟",各韵的韵尾是 velar 的-ng(-k),然而 A 组的"庚、耕、清、青"和 B 组的"登、蒸"各韵的 palatal 的韵尾则可以推测为-ńg(-k)。这个在现代汉语诸方言中也能看到。比如四川方言,前者保持了-ng,但是后者全变为了-n。这种推测不是空的恣意的操作。(《朝鮮漢字音の研究 言語》132 页,部分有补充)

另外,在日语汉音中,velar 的-ng 皆为ウ,如当(唐韵)、双(江韵)、强(阳韵)、弓(东韵)、攻(冬韵)、松(钟韵),而 palatal 的-ng 则也有为イ的,如平(庚韵三等)、正(清韵)、经(青韵),也有为ウ的,如磅(庚韵一等)、争(耕韵)、增(登韵)、冰(蒸韵)。

(36) 参照赖惟勤《日本における漢字・漢文》(《中国文化叢書⑨ 日本漢字》1968 年,大修馆书店收)。

(37) 参照赖惟勤《漢字の声明とその声調》(原 1949 年,《賴惟勤著作集Ⅰ 中国音韻論集》1989 年,汲古书院收)、金田一春彦《日本四声古義》(寺川・稲垣・金田一編《国語アクセント論叢》1951 年,法政大学出版局收)。

(38) 参照平山久雄《"唐代音による唐詩の朗読"について》(《漢文教室》120,1971 年,大修馆书店收)。

(39) 对诗文中所见デ、グ、ギ等的标识补充说明一下。デ、グ等的""系对有声音(浊音)的标识。虽然在第一节我们说到古代北方汉语的有声音到了唐朝发生了无声化的变化,所以在这里出现有声音的标识会让大家产生疑虑,但其实唐朝长安音并未完全无声化,我们推测有声音还是有一定的留存(这里先不细说)。因此对于此类半有声性质的发音(即略有浊音感)该如何标识,犹豫再三,还是用""显示了出来,敬请谅解。

附录[1]

---

[1] 译者注:此部分内容取自原书,为便于阅读,汉字部分已改为规范字,注音部分遵照原书。

1. 李白 《秋浦歌》（五言绝句，韵字为"丈、长、霜"）

bái	fà	sān	qiān	zhàng
白 bak̚	发 fĭwɐt	三 sâm 平	千 ts'ian 平	丈 d̂ĭaŋ 上
バッ(ク)	ファッ(ト)	サム	ツィアン	ヂィアン

yuán	chóu	sì	gè	cháng
缘 jĭwɐn 平	愁 dẓĭəu 平	似 zĭəi 上	个 kâ 去	长 d̂ĭaŋ 去
ィワン	ヂィウ	ジィイ	カァ	ヂィアン

bù	zhī	míng	jìng	lǐ
不 fĭwət	知 t̂ĭəi 平	明 mĭɐŋ 平	镜 kĭɐŋ 去	里 lĭəi 上
フォッ(ト)	ヂィイ	ミィアン	キィアン	リィイ

hé	chù	dé	qiū	shuāng
何 ɣâ 平	处 tś'ĭo 去	得 tək	秋 ts'ĭəu 平	霜 ṣĭaŋ 平
ガァ	シィョ	トッ(ク)	ツィウ	シィアン

秋浦歌　李白

白发三千丈
缘愁似个长
不知明镜里
何处得秋霜

秋浦の歌
白髪（はくはつ） 三千丈（じょう）
愁（うれ）ひに縁（よ）つて 箇（か）くの似（ごと）く長し
知らず 明鏡（めいきょう）の裏（うち）
何（いず）れの処（ところ）より 秋霜（しゅうそう）を得たる

秋の霜のような白さまで悲しみのためなのだろうか
鏡は髪の白さをくっきり映し出
絶えざる悲しみがこんなにも髪を伸ばしたのだ
長く長く伸びた白い髪
何処得秋霜

2. 李商隐 《乐游原》（五言绝句，韵字为"原、昏"）

| xiàng 向 χiang去 キィアン | wǎn 晚 ŋvi̯wan上 ヴゥン | yì 意 ・i̯əi去 ・ィイ | bù 不 fi̯wət フォッ(ト) | shì 适 śi̯ak シィアッ(ク) |

| qū 驱 kʻi̯ü平 キ゛ィユ | chē 车 tśʻi̯a平 シィア | dēng 登 təŋ平 トゥン | gǔ 古 ku上 クウ | yuán 原 ŋi̯an平 グィアン |

| xī 夕 zi̯ak ジィアッ(ク) | yáng 阳 ji̯aŋ平 ィヤン | wú 无 ŋvi̯ü平 ヴィユ | xiàn 限 γan上 ガン | hǎo 好 χâu上 カァウ |

| zhǐ 只 tśi̯əi平 シィイ | shì 是 źi̯əi上 シィイ | jìn 近 gi̯ən上 ギィン | huáng 黄 γuaŋ平 グゥアン | hūn 昏 χʷən平 クォン |

乐游原　李商隐

向晚意不适
驱车登古原
夕阳无限好
只是近黄昏

楽遊原　李商隐

晩に向んとして　意適はず
車を駆って　古原に登る
夕陽　無限に好し
只だ是れ　黄昏に近し

日が傾くにつれ心落ち着かず
馬車を駆って遠い昔行楽地であった高台に登った
落日の陽光が一瞬かいま見せる永遠の美しさ
今こそがたそがれ直前の光景なのだ

3. 张继 《枫桥夜泊》(七言绝句,韵字为"天、眠、船")

yuè	luò	wū	tí	shuāng	mǎn	tiān
月 ngĭwat	落 lak	乌 ˑu平	啼 diai平	霜 ṣiang平	满 mbuân上	天 tˈian平
ギュッ(ト)	ラッ(ク)	ˑウゥ	ディアイ	シィアン	ブアン	テˈィアン

jiāng	fēng	yú	huǒ	duì	chóu	mián
江 kang平	枫 fĭung平	渔 ngĭö平	火 χuâ上	对 tuâi去	愁 dẓiəu平	眠 mbian平
カン	フゥン	ギィヨ	クゥア	トゥアイ	ヂゥ	ビィアン

gū	sū	chéng	wài	hán	shān	sì
姑 ku平	苏 su平	城 źiang平	外 ngâi去	寒 γân平	山 ṣan平	寺 ziəi去
クゥ	スゥ	ジィアン	ガイ	ガン	シャン	ジィイ

yè	bàn	zhōng	shēng	dào	kè	chuán
夜 ja去	半 puân去	钟 tśĭong平	声 śĭang平	到 tâu去	客 kˈak入	船 dźĭwan平
ィア	プアン	シィオン	シィアン	タウ	カˈッ(ク)	ヂゥワン

枫桥夜泊 张继

月落乌啼霜满天
江枫渔火对愁眠
姑苏城外寒山寺
夜半钟声到客船

月落ち 烏啼いて 霜天に満つ
江楓 漁火 愁眠に対す
姑蘇城外 寒山寺
夜半の鐘声 客船に到る

月が沈み烏が鳴き声をあげ寒々とした霜の気が天空をおおう
水辺の楓といさり火が孤独な旅人の眠りを見つめている
姑蘇(蘇州)郊外の寒山寺から
真夜中の鐘の音が遠く旅人の船にまで届く

4. 王翰 《凉州词》(七言绝句,韵字为"杯、催、回")

pú 葡 bu平 ブウ	táo 萄 dâu平 ダウ	měi 美 ŋvi̯ei上 ヴィイ	jiǔ 酒 tsi̯əu上 ツィウ	yè 夜 ja去 ィア	guāng 光 kuâng平 クゥアン	bēi 杯 puâi平 プゥアイ
yù 欲 ji̯ok ィオッ(ク)	yǐn 饮 ·i̯əm上 ·ィム	pí 琵 vi̯ei平 ヴィイ	pá 琶 ba平 バア	mǎ 马 mba上 バア	shàng 上 ẑi̯ang去 ĵィアン	cuī 催 ts'uâi平 ツゥアイ
zuì 醉 tsi̯ʷəi去 ツィウイ	wǒ 卧 nguâ去 グゥワ	shā 沙 ṣa平 ŝィア	chǎng 场 d̂i̯ang平 d̂ィアン	jūn 君 ki̯ʷən平 キィゥン	mò 莫 mbak去 バッ(ク)	xiào 笑 si̯au去 スィアウ
gǔ 古 ku上 クウ	lái 来 lâi平 ライ	zhēng 征 tśi̯ang平 ŝィアン	zhàn 战 tśi̯an去 ŝィアン	jǐ 几 ki̯ei上 キィイ	rén 人 ɲʒi̯ən平 ジィン	huí 回 ɣuâi平 グゥアイ

凉州词　王翰

葡萄美酒夜光杯
欲饮琵琶马上催
醉卧沙场君莫笑
古来征战几人回

涼州詞　　王翰

葡萄の美酒　夜光の杯
飲んと欲すれば　琵琶　馬上に催す
酔うて沙上に臥す　君　笑ふこと莫かれ
古来　征戦　幾人か　回る

夜光の名のある白玉の杯に芳醇なワインがそそがれる
飲もうとしたところ馬上からは琵琶の音が聞こえてきた
戦の最前線である砂漠で酔いつぶれたなどと、皆々笑ってくれるな
昔から遠征に従軍して無事に生還できる者は稀なのだから

5. 岑参 《碛中作》（七言绝句，韵字为"天、圆、烟"）

zǒu 走 tsəu 上	mǎ 马 mba 上	xī 西 siai 平	lái 来 lai 平	yù 欲 jiok	dào 到 tâu 去	tiān 天 t'ian 平
cí 辞 ziəi 平	jiā 家 ka 平	jiàn 见 kian 去	yuè 月 ngĭwat	liǎng 两 liang 上	huí 回 ɣuâi 平	yuán 圆 ɦiwan 平
jīn 今 kĭəm 平	yè 夜 ja 去	bù 不 fĭwət	zhī 知 tîəi 平	hé 何 ɣâ 平	chù 处 tś'ĭö 去	sù 宿 sĭuk
píng 平 bĭang 平	shā 沙 ʂa 平	wàn 万 mvĭwan 去	lǐ 里 lĭəi 上	jué 绝 dzĭwat	rén 人 ɲʑĭən 平	yān 烟 ·ian 平

碛中作　岑参

走马西来欲到天
辞家见月两回圆
今夜不知何处宿
平沙万里绝人烟

碛中の作

馬を走らせて　西に来り　天に到らんと欲す
家を辞して　月の両回　円かなるを見る
今夜　知らず　何れの処にか宿せん
平沙万里　人烟　絶ゆ

西へ西へと馬を走らせて地平線の彼方の天に上るかと思われるほど
家を出てから月は二度も満月となった
今宵は何処に泊まることになるのだろうか
目の前には果てしなく砂漠が広がり人家の煙は気配すらない

6. 白居易 《对酒》(七言绝句,韵字为"身、人")

wō	niú	jiǎo	shàng	zhēng	hé	shì
蜗 kʷai平	牛 ngi̯əu平	角 kak	上 źi̯ang去	争 tsang平	何 ɣâ平	事 dzi̯əi去
クゥイ	ギィウ	カッ(ク)	ジィアン	ツァン	ガア	ジィイ

shí	huǒ	guāng	zhōng	jì	cǐ	shēn
石 źi̯ak	火 χuâ上	光 kuang平	中 ṭi̯ung平	寄 ki̯əi去	此 tsʻi̯əi上	身 śi̯ən平
ジィアッ(ク)	クゥア	クゥアン	チュン	キィイ	ツィイ	シィン

suí	fù	suí	pín	qiě	huān	lè
随 zi̯əi平	富 fi̯əu去	随 zi̯əi平	贫 vi̯ən平	且 tsʻa上	欢 χuân平	乐 lâk
ツィイ	フォウ	ツィイ	ヴィン	ツァ	クゥアン	ラッ(ク)

bù	kāi	kǒu	xiào	shì	chī	rén
不 fi̯ʷət	开 kʻâi平	口 kʻəu上	笑 si̯au去	是 źi̯əi上	痴 ṭʻi̯əi平	人 ɲʒi̯ən平
フォッ(ト)	カイ	コォウ	スィアウ	ジィイ	ティイ	ジィン

対酒　白居易

蝸牛角上争何事
石火光中寄此身
随富随貧且歓楽
不開口笑是痴人

酒に対す
蝸牛角上　何事をか争ふ
石火光中　此の身を寄す
富に随ひ　貧しきに随ひ　且らく歓楽せん
口を開きて笑はざるは　是れ痴人なり

かたつむりのつののの上のようにこの世で人は何を争うのか
人の一生は火打石の火花が散るはかなさ
富んでいようが貧しかろうが目の前に酒がある今こそ楽しむべき時
大きく口を開いて笑わないのはそれこそ愚か者

7. 柳宗元 《江雪》（五言绝句，韵字为"绝、灭、雪"）

qiān	shān	diǎo, niǎo	fēi	jué
千 ts'i̯an平	山 ṣan平	鸟 ti̯əu上	飞 fi̯wəi平	绝 dzi̯wat
ツィアン	シャン	ティアウ	フゥイ	ジゥッ(ト)

wàn	jìng	rén	zōng	miè
万 mvi̯wan去	径 ki̯aŋ去	人 ȵʑi̯ən平	踪 tsi̯oŋ平	灭 mvi̯at
ヴン	キィアン	ジン	ツィオン	ヴァッ(ト)

gū	zhōu	suō	lì	wēng
孤 ku平	舟 tśi̯əu平	蓑 suâ平	笠 li̯əp	翁 ·uŋ平
クウ	シィウ	スゥア	リッ(プ)	·ウン

dú	diào	hán	jiāng	xuě
独 duk	钓 ti̯au去	寒 ɣân平	江 kaŋ平	雪 si̯wat
ドゥッ(ク)	ティアウ	ガン	カン	スィヮッ(ト)

江雪　柳宗元

千山　鳥飛ぶこと絶え
万径　人蹤滅す
孤舟　蓑笠の翁
独り釣る　寒江の雪

千山鳥飞绝
万径人踪灭
孤舟蓑笠翁
独钓寒江雪

連なる山々には鳥の飛ぶ姿も見えず
道という道からは人の足跡も消えた
ぽつんと浮かぶ舟には蓑と笠をつけた老人
たった一人で雪が降る川面に釣り糸を垂れている

8. 杜甫 《春望》(五言律诗，韵字为"深、心、金、簪")

guó	pò	shān	hé	zài
国 kʷəḱ	破 pʻuâ去	山 ṣan平	河 ɣâ平	在 dzâi上
クォッ(ク)	ブゥワ	シァン	ガア	ジァイ

chéng	chūn	cǎo	mù	shēn
城 źiang平	春 tśʻi̯wən平	草 tsʻâu上	木 mbuk	深 si̯əm平
ジィアン	シィゥン	ツァゥ	ブッ(ク)	スィム

gǎn	shí	huā	jiàn	lèi
感 kâm上	时 źi̯əi平	花 χʷa平	溅 tsi̯an去	泪 li̯əi去
カム	ジィイ	クゥア	ツィアン	リィォイ

hèn	bié	diāo, niǎo	jīng	xīn
恨 ɣən去	别 pi̯at	鸟 ti̯au上	惊 ki̯ang平	心 si̯əm平
ゴォン	ビィアッ(ト)	ティアゥ	キィアン	スィム

fēng	huǒ	lián	sān	yuè
烽 fi̯ong平	火 χuâ上	连 li̯an平	三 sâm平	月 ngi̯wat
フォン	クゥア	リィアン	サム	ギゥッ(ト)

jiā	shū	dǐ	wàn	jīn
家 ka平	书 śi̯ö平	抵 ti̯ai上	万 ŋvi̯wan去	金 ki̯əm平
カア	ショ	ティアイ	ヴゥン	キィム

bái	tóu	sāo	gèng	duǎn
白 bak	头 dəu平	搔 sâu平	更 kang去	短 tuân上
バッ(ク)	ドゥ	サウ	カン	トゥワン

hún	yù	bù	shèng	zān
浑 ɣuan平	欲 ji̯ok	不 fi̯wət	胜 śi̯əng平	簪 tsâm平
グゥオン	ィオッ(ク)	フォッ(ト)	ション	ツァム

春望　　杜甫

国破山河在
城春草木深
感时花溅泪
恨别鸟惊心
烽火连三月
家书抵万金
白头搔更短
浑欲不胜簪

春望

国破れて山河在り
城春にして草木深し
時に感じて花にも涙を濺ぎ
別れを恨んで鳥にも心を驚かす
烽火　三月に連なり
家書　万金に抵る
白頭　搔けば更に短く
渾て簪に勝へざらんと欲す

長安の都は賊軍の手に落ちたが山も河も何ら変わらない
都の春はいつもの春と変わらず草木が生い茂っている
状況の激変のためだろうか、目に入る花の美しさに涙があふれ
家族と離ればなれになったせいだろうか、耳に入る鳥の鳴き声にも心はギクリとする
戦乱はすでに三ヶ月も続き
ひそかに送られてきた家族からの手紙はかけがえがない貴さ
白髪頭をかきむしると髪はいよいよ薄く短くなっていて
もはや冠をかぶっても簪で止めることもできないとは、何と老いぼれたことだろうか

9. 李白 《子夜吴歌(其三)》(五言古诗，韵字为"声、情、征")

cháng	ān	yī	piàn	yuè
长 d̂ĭang去	安 ·ân平	一 ·iət	片 pʻian去	月 ngĭwat
ヂィアン	・アン	・イッ(ト)	ビィアン	ギゥッ(ト)

wàn	hù	dǎo	yī	shēng
万 ŋvĭwan去	户 ɣu上	捣 tâu上	衣 ·ĭəi平	声 śĭang平
ヴヮン	グウ	タウ	・イイ	シィアン

qiū	fēng	chuī	bù	jìn
秋 tsʻĭəu平	风 fĭung平	吹 tśʻĭwiĕ平	不 fĭwət	尽 dzĭən上
ツィウ	フゥン	シュイ	フォッ(ト)	ジィン

zǒng	shì	yù	guān	qíng
总 tsung上	是 źĭiĕ上	玉 ngĭok	关 kʷan平	情 dzĭang平
ツゥン	ジィイ	ギョッ(ク)	クヮン	ジィアン

hé	rì	píng	hú	lǔ
何 ɣâ平	日 ȵʑĭət	平 vĭang平	胡 ɣu平	虏 lu上
ガア	ジィッ(ト)	ヴィアン	グウ	ルウ

liáng	rén	bà	yuǎn	zhēng
良 lĭang平	人 ȵʑĭən平	罢 bai上	远 fĭwan上	征 tśĭang平
リィアン	ジィン	バイ	ィワン	シィアン

子夜吴歌　李白

長安　一片の月
万戸　衣を擣つの声
秋風　吹きて尽きず
総べて是れ玉関の情
何れの日か胡虜を平らげ
良人　遠征を罷めん

夜の長安が月明かりに浮かび
あちらこちらから砧を打つ音が響く
秋の風が絶えることなく吹き続ける
遥か遠く西域の地に派遣された夫はどうしていることだろうか
何時になったら戦いに勝ち
夫が帰ってこられるようになるのだろうか

10. 孟浩然 《春晓》（五言绝句，韵字为"晓、鸟、少"）

chūn	mián	bù	jué	xiǎo
春 tśʻịwən平	眠 mbịan平	不 fịwət	觉 kak	晓 χịau上
ｼﾞｨｳﾝ	ﾋﾞｨｱﾝ	ﾌｫｯﾄ	ｶｯ(ｸ)	ｷｨｱｳ

chù	chù	wén	tí	diǎo, niǎo
处 tśʻịö去	处 tśʻịö去	闻 ŋvịwən平	啼 dịai平	鸟 tịau上
ｼﾞｨｮ	ｼﾞｨｮ	ｳﾞｳﾝ	ﾃﾞｨｱｲ	ﾃｨｱｳ

yè	lái	fēng	yǔ	shēng
夜 ja去	来 lâi平	风 fịung平	雨 fịu上	声 śịang平
ｲｱ	ﾗｲ	ﾌｳﾝ	ｨｭ	ｼﾞｨｱﾝ

huā	luò	zhī	duō	shǎo
花 χwa平	落 lâk	知 tîẹi平	多 tâ平	少 śịäu上
ｸｩｱ	ﾗｯ(ｸ)	ﾁｨｲ	ﾀｱ	ｼｨｴｳ

春晓　孟浩然

春眠（しゅんみん）暁（あかつき）を覚えず
処処（しょしょ）啼鳥（ていちょう）を聞く
夜来（やらい）風雨の声
花落つること知（し）んぬ多少ぞ

春眠不觉晓
处处闻啼鸟
夜来风雨声
花落知多少

春の眠りは深く暁になったことにも気づかず
あちらこちらから鳥の鳴き声が聞こえてきてようやく目が覚めた
そういえば昨夜は雨風の荒れ模様であった
外では一体どれだけの花が散っていることであろうか

＊ 由成濑哲生翻译成日语现代文

后记

最后,我想给大家介绍一个座谈会。题目是《走向茂密的语言森林》(原文《豊かな言葉の森へ》),是一个三个人的座谈。具体内容曾刊登在《图书》月刊第705号(岩波书店,2007年12月)。其中有这样一段对话(副题为《何为美妙的余韵》,此处抽取其中一小部分,有补充)。

堀井令以知(语言学家):已故的金田一春彦曾试图还原万叶时期的发音。

加贺美幸子(播音员):是啊,尝试过,还留下了录音带呢。

小林恭二(作家):是一些没有规则的音吧。像鸟语一样,类似チャッ、チョ、チュ那样的音。

加贺美:为什么会那样呢。

小林:本来就是那样的发音,不是吗?万叶时期的音。

堀井:在说"笹の葉"的时候,发音是"つぁつぁのふぁ"吧。

小林:是那样的音。

堀井:(略)有学者说《万叶集》关于旅客的《笹の葉》的歌"十分清新委婉动人"。那个时期,"さ行音就是这么好听",给人以一种清澄凉爽的感觉。

小林:是这么说的,但是用我们现代人的耳朵来听,怎么也……

这里讨论的是万叶时期日语的发音。研究表明,日语ハ行子音最早是[p](双唇破裂音,パ),渐渐地变成了[ɸ](双唇摩擦音,ファ),然后又变成了[h](喉头摩擦音,ハ)至今,目前这一说法被广泛接受。而サ行子音问题较多,有坂秀世指出,通过以作为万叶假名的汉字音为材料,我们可以推测出在奈良时期以及平安初期,サ的开头音是[ts](破擦音,ツ),シ的开头音是[s]或者[ʃ](摩擦音,ス或者シ)(《上代に於けるサ行の頭音》原1936年,《国語音韻史の研究》前言收)。

在上面的座谈里出现的某先生提到"さ行音就是这么好听""十分清新委婉动人",不知道他是不是一边想象万叶时期サ行的开头音一边说的。如果他以现代サ行的开头音来想象万叶歌的发音,那还是有点危险的。本来音韵的美是掺和了很多因素的(比如不同语言、时代及文化背景、地域及个人差异等),无法一概而论。如果我们能够还原诗歌被创造出来的那个时期的音韵,那就能够探索出当时作者是以什么样的心情串联起这些音韵,把它变成诗歌吟唱的,这样能让我们对诗歌有更深的理解。

作为一个研究汉语音韵学的人,我十分在意古诗的诵读。高中时期有感于训读这种念法,就在想如果能用当年写作古诗的那个年代的发音去诵读,该有多好啊。但是要想复原古代的发音,一定是一个无法实现的梦想吧。

然而后来知道了有一个办法或许能够实现这个梦想。这就是在近现代的欧洲发展起来的,融入了比较语法这一研究方法的汉语音韵学。汉语音韵学——一看就是很难解的样子,但它是揭秘象形文字发音本来面目以及过往历史的工具。同时它对让我们更好地理解日语中的汉音和吴音有很大的作用。本书的用意即借查找古诗发音的源头来推广汉语音韵。

本书的创作受到了许多同仁、学者朋友的帮助。文中出现的《江南春》以及附录的十首唐诗的长安音的音读，得力于我的前同事大谷通顺老师（现北海学园大学教授）和邢玉芝老师（北海道大学兼职讲师）的相助。在此特表感谢，录音将通过 YouTube 公布，敬请期待。唐诗的训读和日语翻译承蒙也是同事的成濑哲生老师（现山梨大学教授）的大力帮助，特表感谢。还要感谢在各方面给予帮助的今田裕志老师（现二松学舍兼职讲师）。

和前两本小书一样，本书的编辑和出版，从内容到书名，得到了岩波书店平田贤一先生的大力支持，在此由衷地表示感谢。

回想起来应该在半个世纪前吧，我不知不觉中喜欢上了汉语音韵，有幸得到了三根谷彻先生和河野六郎先生的启蒙教育。那时曾被三根谷彻先生说"扎入《韵镜》，可能一辈子都脱不了身哦"，以及被河野六郎先生评价"你要做音韵学？真是个怪人啊"。二位恩师的话十分含蓄，却让我感受到了汉语音韵学的魅力和它的深奥。这样说虽然有点不知天高地厚，但还是很希望大家能够对我们身边的汉字音韵感兴趣，去关心它。

欢迎大家继续探访充满浪漫和神秘的汉字音的世界。

二〇〇九年三月
大岛正二

译后记

中国和日本是一衣带水的邻邦,日本是目前除中国以外唯一使用汉字的国家(韩国、越南等国只有人名用汉字)。汉字早在3世纪就通过朝鲜半岛传到日本,日本早期的文献都只用汉字书写。进入隋唐,随着大批遣唐使来到中国,汉语文化在日本达到了顶峰,除了汉字,在发音上也逐渐被纳入、整合到日语的语音体系当中。

由于汉字传入日本年代先后的不同,加之汉字读音本身在中国就有地区性差异,因此日语汉字读音的状况非常复杂,具体可分为吴音、汉音、唐宋音等。吴音是最早传入日本的汉字音,"吴"指中国长江中下游地区。在五六世纪前后,当时的日本主要受该地区汉字发音的影响,涉及佛教词汇的字音中有很多就是吴音。汉音大约在隋唐时期通过儒家经典等文献传入日本,主要是中国北方长安一带地区的发音。现代日语中的字音大多数是汉音。至于唐音,是指宋朝以后传入日本的,主要受中国南方地区发音的影响,又称为"宋音"或"唐宋音",主要涉及禅宗的词汇以及一些器皿、事物等的名称。

基于这样的历史原因,就像本书作者大岛先生所说,日语发音在很大程度上能够帮助古汉语音的还原。同样,汉语音韵研究也是日本汉学家研究的一个重点,历史悠久。大岛先生出生在上世纪 30 年代,汉学功底深厚,是日本早期研究汉语音韵的大家。此书系大岛先生晚年的力作,先生通过深入简出的讲解,把高深莫测的汉语音韵娓娓道来,旨在让更多人喜爱汉语,并能通过在本书学到的知识学会如何品味曼妙的中国古典诗词。

本人研究方向虽然是日语语音,但是由于日语语音和汉语音韵有着很多亲缘关系,汉语音韵也一直是本人关注和研究的对象,因此可以说此次翻译工作对我的帮助是莫大的。本书作者以讲义的形式深入浅出地向大家介绍了汉语音韵的基础知识,为喜欢汉语音韵的朋友打开了一扇通往神奇而又美妙世界的大门,本人是最直接的受益者,借此机会也要感谢江苏人民出版社能把这个机会给我。

接受本书翻译任务的时候,我刚调入中国人民大学外国语学院日语系,新的环境让我干劲十足,于是脑袋一热签了约。然而到了新岗位后,每一个学期都在开新课,所有的课都需要用心准备,教学科研中的各种事务也让我长期处于疲惫焦虑中,翻译工作迟迟不能展开,每一次打开本书的翻译文件,看到几个月前的保存时间,只能感叹自己严重的拖延症。就这样,在比蜗牛还慢的速度中,终于完成了全书的翻译工作。在本书的翻译过程中,我系 2012 级毕业生陈鸿同学(现日本神户外国语大学博士研究生)给予了很大的帮助,在此特表感谢。同时对江苏人民出版社的卞清波先生及本书编辑胡海弘女士,长期以来对我的支持和帮助表示感谢,感谢出版社对我的宽容。

作为一个门外汉,此次翻译一定会有很多错误和不足之处,如蒙方家指正,不胜荣幸。

柳　悦

己亥年春

"海外中国研究丛书"书目

1. 中国的现代化 [美]吉尔伯特·罗兹曼 主编 国家社会科学基金"比较现代化"课题组 译 沈宗美 校
2. 寻求富强:严复与西方 [美]本杰明·史华兹 著 叶凤美 译
3. 中国现代思想中的唯科学主义(1900—1950) [美]郭颖颐 著 雷颐 译
4. 台湾:走向工业化社会 [美]吴元黎 著
5. 中国思想传统的现代诠释 余英时 著
6. 胡适与中国的文艺复兴:中国革命中的自由主义,1917—1937 [美]格里德 著 鲁奇 译
7. 德国思想家论中国 [德]夏瑞春 编 陈爱政 等译
8. 摆脱困境:新儒学与中国政治文化的演进 [美]墨子刻 著 颜世安 高华 黄东兰 译
9. 儒家思想新论:创造性转换的自我 [美]杜维明 著 曹幼华 单丁 译 周文彰 等校
10. 洪业:清朝开国史 [美]魏斐德 著 陈苏镇 薄小莹包伟民 陈晓燕 牛朴 谭天星 译 阎步克 等校
11. 走向21世纪:中国经济的现状、问题和前景 [美]D·H·帕金斯 著 陈志标 编译
12. 中国:传统与变革 [美]费正清 赖肖尔 主编 陈仲丹 潘兴明 庞朝阳 译 吴世民 张子清 洪邮生 校
13. 中华帝国的法律 [美]D·布朗 C·莫里斯 著 朱勇 译 梁治平 校
14. 梁启超与中国思想的过渡(1890—1907) [美]张灏 著 崔志海 葛夫平 译
15. 儒教与道教 [德]马克斯·韦伯 著 洪天富 译
16. 中国政治 [美]詹姆斯·R·汤森 布兰特利·沃马克 著 顾速 董方 译
17. 文化、权力与国家:1900—1942年的华北农村 [美]杜赞奇 著 王福明 译
18. 义和团运动的起源 [美]周锡瑞 著 张俊义 王栋 译
19. 在传统与现代性之间:王韬与晚清革命 [美]柯文 著 雷颐 罗检秋 译
20. 最后的儒家:梁漱溟与中国现代化的两难 [美]艾恺 著 王宗昱 冀建中 译
21. 蒙元入侵前夜的中国日常生活 [法]谢和耐 著 刘东 译
22. 东亚之锋 [美]小R·霍夫亨兹 K·E·柯德尔 著 黎鸣 译
23. 中国社会史 [法]谢和耐 著 黄建华 黄迅余 译
24. 从理学到朴学:中华帝国晚期思想与社会变化面面观 [美]艾尔曼 著 赵刚 译
25. 孔子哲学思微 [美]郝大维 安乐哲 著 蒋弋为 李志林 译
26. 北美中国古典文学研究名家十年文选乐黛云 陈珏 编选
27. 东亚文明:五个阶段的对话 [美]狄百瑞 著 何兆武 何冰 译
28. 五四运动:现代中国的思想革命 [美]周策纵 著 周子平 等译
29. 近代中国与新世界:康有为变法与大同思想研究 [美]萧公权 著 汪荣祖 译
30. 功利主义儒家:陈亮对朱熹的挑战 [美]田浩 著 姜长苏 译
31. 莱布尼兹和儒学 [美]孟德卫 著 张学智 译
32. 佛教征服中国:佛教在中国中古早期的传播与适应 [荷兰]许理和 著 李四龙 裴勇 等译
33. 新政革命与日本:中国,1898—1912 [美]任达 著 李仲贤 译
34. 经学、政治和宗族:中华帝国晚期常州今文学派研究 [美]艾尔曼 著 赵刚 译
35. 中国制度史研究 [美]杨联陞 著 彭刚 程钢 译

36. 汉代农业:早期中国农业经济的形成　[美]许倬云 著　程农 张鸣 译　邓正来 校
37. 转变的中国:历史变迁与欧洲经验的局限　[美]王国斌 著　李伯重 连玲玲 译
38. 欧洲中国古典文学研究名家十年文选 乐黛云 陈珏 龚刚 编选
39. 中国农民经济:河北和山东的农民发展,1890—1949　[美]马若孟 史建云 译
40. 汉哲学思维的文化探源　[美]郝大维 安乐哲 著　施忠连 译
41. 近代中国之种族观念　[英]冯客 著　杨立华 译
42. 血路:革命中国中的沈定一(玄庐)传奇　[美]萧邦奇 著　周武彪 译
43. 历史三调:作为事件、经历和神话的义和团　[美]柯文 著　杜继东 译
44. 斯文:唐宋思想的转型　[美]包弼德 刘宁 译
45. 宋代江南经济史研究　[日]斯波义信 著　方健 何忠礼 译
46. 一个中国村庄:山东台头 杨懋春 著　张雄 沈炜 秦美珠 译
47. 现实主义的限制:革命时代的中国小说　[美]安敏成 著　姜涛 译
48. 上海罢工:中国工人政治研究　[美]裴宜理 著　刘平 译
49. 中国转向内在:两宋之际的文化转向　[美]刘子健 著　赵冬梅 译
50. 孔子:即凡而圣　[美]赫伯特·芬格莱特 著　彭国翔 张华 译
51. 18世纪中国的官僚制度与荒政　[法]魏丕信 著　徐建青 译
52. 他山的石头记:宇文所安自选集　[美]宇文所安 著　田晓菲 编译
53. 危险的愉悦:20世纪上海的娼妓问题与现代性　[美]贺萧 著　韩敏中 盛宁 译
54. 中国食物　[美]尤金·N·安德森 著　马孆、刘东 译　刘东 审校
55. 大分流:欧洲、中国及现代世界经济的发展　[美]彭慕兰 著　史建云 译
56. 古代中国的思想世界　[美]本杰明·史华兹 著　程钢 译　刘东 校
57. 内闱:宋代的婚姻和妇女生活　[美]伊沛霞 著　胡志宏 译
58. 中国北方村落的社会性别与权力　[加]朱爱岚 著　胡玉坤 译
59. 先贤的民主:杜威、孔子与中国民主之希望　[美]郝大维 安乐哲 著　何刚强 译
60. 向往心灵转化的庄子:内篇分析　[美]爱莲心 著　周炽成 译
61. 中国人的幸福观　[德]鲍吾刚 著　严蓓雯 韩雪临 吴德祖 译
62. 闺塾师:明末清初江南的才女文化　[美]高彦颐 著　李志生 译
63. 缀珍录:十八世纪及其前后的中国妇女　[美]曼素恩 著　定宜庄 颜宜葳 译
64. 革命与历史:中国马克思主义历史学的起源,1919—1937　[美]德里克 著　翁贺凯 译
65. 竞争的话语:明清小说中的正统性、本真性及所生成之意义　[美]艾梅兰 著　罗琳 译
66. 中国妇女与农村发展:云南禄村六十年的变迁　[加]宝森 著　胡玉坤 译
67. 中国近代思维的挫折　[日]岛田虔次 著　甘万萍 译
68. 中国的亚洲内陆边疆　[美]拉铁摩尔 著　唐晓峰 译
69. 为权力祈祷:佛教与晚明中国士绅社会的形成　[加]卜正民 著　张华 译
70. 天潢贵胄:宋代宗室史　[美]贾志扬 著　赵冬梅 译
71. 儒家之道:中国哲学之探讨　[美]倪德卫 著　[美]万白安 编 周炽成 译
72. 都市里的农家女:性别、流动与社会变迁　[澳]杰华 著　吴小英 译
73. 另类的现代性:改革开放时代中国性别化的渴望　[美]罗丽莎 著　黄新 译
74. 近代中国的知识分子与文明　[日]佐藤慎一 著　刘岳兵 译
75. 繁盛之阴:中国医学史中的性(960—1665)　[美]费侠莉 著　甄橙 主译　吴朝霞 主校
76. 中国大众宗教　[美]韦思谛 编 陈仲丹 译
77. 中国诗画语言研究　[法]程抱一 著　涂卫群 译
78. 中国的思维世界　[日]沟口雄三 小岛毅 著　孙歌 等译

79. 德国与中华民国　[美]柯伟林 著　陈谦平 陈红民 武菁 申晓云 译　钱乘旦 校
80. 中国近代经济史研究:清末海关财政与通商口岸市场圈　[日]滨下武志 著　高淑娟 孙彬 译
81. 回应革命与改革:皖北李村的社会变迁与延续 韩敏 著　陆益龙 徐新玉 译
82. 中国现代文学与电影中的城市:空间、时间与性别构形　[美]张英进 著　秦立彦 译
83. 现代的诱惑:书写半殖民地中国的现代主义(1917—1937)　[美]史书美 著　何恬 译
84. 开放的帝国:1600 年前的中国历史　[美]芮乐伟·韩森 著　梁侃 邹劲风 译
85. 改良与革命:辛亥革命在两湖　[美]周锡瑞 著　杨慎之 译
86. 章学诚的生平及其思想　[美]倪德卫 著　杨立华 译
87. 卫生的现代性:中国通商口岸卫生与疾病的含义　[美]罗芙芸 著　向磊 译
88. 道与庶道:宋代以来的道教、民间信仰和神灵模式　[美]韩明士 著　皮庆生 译
89. 间谍王:戴笠与中国特工　[美]魏斐德 著　梁禾 译
90. 中国的女性与性相:1949 年以来的性别话语　[英]艾华 著　施施 译
91. 近代中国的犯罪、惩罚与监狱　[荷]冯客 著　徐有威 等译　潘兴明 校
92. 帝国的隐喻:中国民间宗教　[英]王斯福 著　赵旭东 译
93. 王弼《老子注》研究　[德]瓦格纳 著　杨立华 译
94. 寻求正义:1905—1906 年的抵制美货运动　[美]王冠华 著　刘甜甜 译
95. 传统中国日常生活中的协商:中古契约研究　[美]韩森 著　鲁西奇 译
96. 从民族国家拯救历史:民族主义话语与中国现代史研究　[美]杜赞奇 著　王宪明 高继美 李海燕 李点 译
97. 欧几里得在中国:汉译《几何原本》的源流与影响　[荷]安国风 著　纪志刚 郑诚 郑方磊 译
98. 十八世纪中国社会　[美]韩书瑞 罗友枝 著　陈仲丹 译
99. 中国与达尔文　[美]浦嘉珉 著　钟永强 译
100. 私人领域的变形:唐宋诗词中的园林与玩好　[美]杨晓山 著　文韬 译
101. 理解农民中国:社会科学哲学的案例研究　[美]李丹 著　张天虹 张洪云 张胜波 译
102. 山东叛乱:1774 年的王伦起义　[美]韩书瑞 著　刘平 唐雁超 译
103. 毁灭的种子:战争与革命中的国民党中国(1937—1949)　[美]易劳逸 著　王建朗 王贤知 贾维 译
104. 缠足:"金莲崇拜"盛极而衰的演变　[美]高彦颐 著　苗延威 译
105. 饕餮之欲:当代中国的食与色　[美]冯珠娣 著　郭乙瑶 马磊 江素侠 译
106. 翻译的传说:中国新女性的形成(1898—1918)　胡缨 著　龙瑜宬 彭珊珊 译
107. 中国的经济革命:二十世纪的乡村工业　[日]顾琳 著　王玉茹 张玮 李进霞 译
108. 礼物、关系学与国家:中国人际关系与主体性建构 杨美慧 著　赵旭东 孙珉 译　张跃宏 译校
109. 朱熹的思维世界　[美]田浩 著
110. 皇帝和祖宗:华南的国家与宗族　[英]科大卫 著　卜永坚 译
111. 明清时代东亚海域的文化交流　[日]松浦章 著　郑洁西 等译
112. 中国美学问题　[美]苏源熙 著　卞东波 译　张强强 朱霞欢 校
113. 清代内河水运史研究　[日]松浦章 著　董科 译
114. 大萧条时期的中国:市场、国家与世界经济　[日]城山智子 著　孟凡礼 尚国敏 译　唐磊 校
115. 美国的中国形象(1931—1949)　[美]T.克里斯托弗·杰斯普森 著　姜智芹 译
116. 技术与性别:晚期帝制中国的权力经纬　[英]白馥兰 著　江湄 邓京力 译

117. 中国善书研究 [日]酒井忠夫 著 刘岳兵 何英莺 孙雪梅 译
118. 千年末世之乱:1813年八卦教起义 [美]韩书瑞 著 陈仲丹 译
119. 西学东渐与中国事情 [日]增田涉 著 由其民 周启乾 译
120. 六朝精神史研究 [日]吉川忠夫 著 王启发 译
121. 矢志不渝:明清时期的贞女现象 [美]卢苇菁 著 秦立彦 译
122. 明代乡村纠纷与秩序:以徽州文书为中心 [日]中岛乐章 著 郭万平 高飞 译
123. 中华帝国晚期的欲望与小说叙述 [美]黄卫总 著 张蕴爽 译
124. 虎、米、丝、泥:帝制晚期华南的环境与经济 [美]马立博 著 王玉茹 关永强 译
125. 一江黑水:中国未来的环境挑战 [美]易明 著 姜智芹 译
126. 《诗经》原意研究 [日]家井真 著 陆越 译
127. 施剑翘复仇案:民国时期公众同情的兴起与影响 [美]林郁沁 著 陈湘静 译
128. 华北的暴力和恐慌:义和团运动前夕基督教传播和社会冲突 [德]狄德满 著 崔华杰 译
129. 铁泪图:19世纪中国对于饥馑的文化反应 [美]艾志端 著 曹曦 译
130. 饶家驹安全区:战时上海的难民 [美]阮玛霞 著 白华山 译
131. 危险的边疆:游牧帝国与中国 [美]巴菲尔德 著 袁剑 译
132. 工程国家:民国时期(1927—1937)的淮河治理及国家建设 [美]戴维·艾伦·佩兹 著 姜智芹 译
133. 历史宝筏:过去、西方与中国妇女问题 [美]季家珍 著 杨可 译
134. 姐妹们与陌生人:上海棉纱厂女工,1919—1949 [美]艾米莉·洪尼格 著 韩慈 译
135. 银线:19世纪的世界与中国 林满红 著 詹庆华 林满红 译
136. 寻求中国民主 [澳]冯兆基 著 刘悦斌 徐硙 译
137. 墨梅 [美]毕嘉珍 著 陆敏珍 译
138. 清代上海沙船航运业史研究 [日]松浦章 著 杨蕾 王亦诤 董科 译
139. 男性特质论:中国的社会与性别 [澳]雷金庆 著 [澳]刘婷 译
140. 重读中国女性生命故事 游鉴明 胡缨 季家珍 主编
141. 跨太平洋位移:20世纪美国文学中的民族志、翻译和文本间旅行 黄运特 著 陈倩 译
142. 认知诸形式:反思人类精神的统一性与多样性 [英]G.E.R.劳埃德 著 池志培 译
143. 中国乡村的基督教:1860—1900江西省的冲突与适应 [美]史维东 著 吴薇 译
144. 假想的"满大人":同情、现代性与中国疼痛 [美]韩瑞 著 袁剑 译
145. 中国的捐纳制度与社会 伍跃 著
146. 文书行政的汉帝国 [日]富谷至 著 刘恒武 孔李波 译
147. 城市里的陌生人:中国流动人口的空间、权力与社会网络的重构 [美]张骊 著 袁长庚 译
148. 性别、政治与民主:近代中国的妇女参政 [澳]李木兰 著 方小平 译
149. 近代日本的中国认识 [日]野村浩一 著 张学锋 译
150. 狮龙共舞:一个英国人笔下的威海卫与中国传统文化 [英]庄士敦 著 刘本森 译 威海市博物馆 郭大松 校
151. 人物、角色与心灵:《牡丹亭》与《桃花扇》中的身份认同 [美]吕立亭 著 白华山 译
152. 中国社会中的宗教与仪式 [美]武雅士 著 彭泽安 邵铁峰 译 郭潇威 校
153. 自贡商人:近代早期中国的企业家 [美]曾小萍 著 董建中 译
154. 大象的退却:一部中国环境史 [英]伊懋可 著 梅雪芹 毛利霞 王玉山 译
155. 明代江南土地制度研究 [日]森正夫 著 伍跃 张学锋 等译 范金民 夏维中 审校
156. 儒学与女性 [美]罗莎莉 著 丁佳伟 曹秀娟 译
157. 行善的艺术:晚明中国的慈善事业 [美]韩德林 著 吴士勇 王桐 史桢豪 译

158. 近代中国的渔业战争和环境变化 [美]穆盛博 著 胡文亮 译
159. 权力关系:宋代中国的家族、地位与国家 [美]柏文莉 著 刘云军 译
160. 权力源自地位:北京大学、知识分子与中国政治文化,1898—1929 [美]魏定熙 著 张蒙 译
161. 工开万物:17世纪中国的知识与技术 [德]薛凤 著 吴秀杰 白岚玲 译
162. 忠贞不贰?——辽代的越境之举 [英]史怀梅 著 曹流 译
163. 内藤湖南:政治与汉学(1866—1934) [美]傅佛果 著 陶德民 何英莺 译
164. 他者中的华人:中国近现代移民史 [美]孔飞力 著 李明欢 译 黄鸣奋 校
165. 古代中国的动物与灵异 [英]胡司德 著 蓝旭 译
166. 两访中国茶乡 [英]罗伯特·福琼 著 敖雪岗 译
167. 缔造选本:《花间集》的文化语境与诗学实践 [美]田安 著 马强才 译
168. 扬州评话探讨 [丹麦]易德波 著 米锋 易德波 译 李今芸 校译
169.《左传》的书写与解读 李惠仪 著 文韬 许明德 译
170. 以竹为生:一个四川手工造纸村的20世纪社会史 [德]艾约博 著 韩巍 译 吴秀杰 校
171. 东方之旅:1579—1724耶稣会传教团在中国 [美]柏理安 著 毛瑞方 译
172. "地域社会"视野下的明清史研究:以江南和福建为中心 [日]森正夫 著 于志嘉 马一虹 黄东兰 阿风 等译
173. 技术、性别、历史:重新审视帝制中国的大转型 [英]白馥兰 著 吴秀杰 白岚玲 译
174. 中国小说戏曲史 [日]狩野直喜 张真 译
175. 历史上的黑暗一页:英国外交文件与英美海军档案中的南京大屠杀 [美]陆束屏 编著/翻译
176. 罗马与中国:比较视野下的古代世界帝国 [奥]沃尔特·施德尔 主编 李平 译
177. 矛与盾的共存:明清时期江西社会研究 [韩]吴金成 著 崔荣根 译 薛戈 校译
178. 唯一的希望:在中国独生子女政策下成年 [美]冯文 著 常姝 译
179. 国之枭雄:曹操传 [澳]张磊夫 著 方笑天 译
180. 汉帝国的日常生活 [英]鲁惟一 著 刘洁 余霄 译
181. 大分流之外:中国和欧洲经济变迁的政治 [美]王国斌 罗森塔尔 著 周琳 译 王国斌 张萌 审校
182. 中正之笔:颜真卿书法与宋代文人政治 [美]倪雅梅 著 杨简茹 译 祝帅 校译
183. 江南三角洲市镇研究 [日]森正夫 编 丁韵 胡婧 等译 范金民 审校
184. 忍辱负重的使命:美国外交官记载的南京大屠杀与劫后的社会状况 [美]陆束屏 编著/翻译
185. 修仙:古代中国的修行与社会记忆 [美]康儒博 著 顾漩 译
186. 烧钱:中国人生活世界中的物质精神 [美]柏桦 著 袁剑 刘玺鸿 译
187. 话语的长城:文化中国历险记 [美]苏源熙 著 盛珂 译
188. 诸葛武侯 [日]内藤湖南 著 张真 译
189. 盟友背信:一战中的中国 [英]吴芳思 克里斯托弗·阿南德尔 著 张宇扬 译
190. 亚里士多德在中国:语言、范畴和翻译 [英]罗伯特·沃迪 著 韩小强 译
191. 马背上的朝廷:巡幸与清朝统治的建构,1680—1785 [美]张勉治 著 董建中 译
192. 申不害:公元前四世纪中国的政治哲学家 [美]顾立雅 著 马腾 译
193. 晋武帝司马炎 [日]福原启郎 著 陆帅 译
194. 唐人如何吟诗:带你走进汉语音韵学 [日]大岛正二 著 柳悦 译